CUANDO EL SILENCIO NO ES UNA OPCIÓN

FABIOLA MARTÍNEZ

CUANDO EL SILENCIO NO ES UNA OPCIÓN

Lo que nunca conté

ESPASA

La lectura abre horizontes, iguala oportunidades y construye una sociedad mejor. La propiedad intelectual es clave en la creación de contenidos culturales porque sostiene el ecosistema de quienes escriben y de nuestras librerías. Al comprar este libro estarás contribuyendo a mantener dicho ecosistema vivo y en crecimiento.

En Grupo Planeta agradecemos que nos ayudes a apoyar así la autonomía creativa de autoras y autores para que puedan continuar desempeñando su labor. Diríjase a CEDRO (Centro Español de Derechos Reprográficos) si necesita fotocopiar o escanear algún fragmento de esta obra. Puede contactar con CEDRO a través de la web www.conlicencia.com o por teléfono en el 91 702 19 70 / 93 272 04 47.

Espasa, en su deseo de mejorar sus publicaciones, agradecerá cualquier sugerencia que los lectores hagan al departamento editorial por correo electrónico: sugerencias@espasa.es

Queda expresamente prohibida la utilización o reproducción de este libro o de cualquiera de sus partes con el propósito de entrenar o alimentar sistemas o tecnologías de inteligencia artificial.

Dedicado a todas las personas que tienen rota su infancia. Espero que encuentren inspiración en estas palabras para sanar sus heridas.

A Julio, por haber cargado con el silencio cuando solo eras un testigo ingenuo e inocente que no podía evitar que aquello sucediera; no estaba en tus manos, querido hermano.

A mis hijos y a mis padres: sois mi motor. Porque no somos lo que nos sucede y romper patrones dañinos es vital.

Y, por último, me lo dedico a mí. He luchado mucho por ser mejor persona, por liberarme del dolor, por crecer, por sanar y por sentirme orgullosa de lo que he conseguido con lo que la vida me ha puesto por delante. Si ahora pudiera hablar con esa niña que fui, le diría que siguiera así, que un día se sentirá en paz consigo misma.

ÍNDICE

ME PERMITO ROMPERME

> «El mundo rompe a cualquiera. Muchos se
> hacen fuertes en los sitios rotos. Pero los que no
> se rompen, mueren».
>
> ERNEST HEMINGWAY

He perdido la cuenta de las veces que he escuchado: «Qué fuerte eres, Fabiola», «Eres una madraza, Fabiola», «Eres imparable, Fabiola», «No hay nada que pueda contigo, Fabiola».

Lo oigo, sonrío y lo agradezco. ¡Cómo no sentir gratitud por la admiración que me transmiten las personas que se acercan a mí y conocen mi historia! Fácil no ha sido, desde luego. Especialmente desde que nació mi hijo Kike. Pero no solo por eso.

Cierto es que la llegada al mundo de mi primer hijo marcó un antes y un después en mi vida. A todas las madres les sucede. Pero en mi caso fue más allá del cambio de etapa vital: supuso un reto a vida o muerte. Un desafío tal que no habría podido imaginar jamás que me fuera a tocar.

Aunque seguramente estés leyendo estas líneas porque ya conoces la lucha de mi hijo, a causa de su lesión cerebral, por ganarle vida a los años, y el trabajo de la Fundación Kike Osborne —antes Fundación Bertín Osborne—, que ayuda a las familias de otros niños como él, resumiré para ti lo que todos conocen como mi gran «proeza»: durante el embarazo de mi primer hijo sufrí una listeriosis no diagnosticada que me provocó un parto prematuro y muy complicado, por cesárea. Al niño, una septicemia que desembocó en lesión cerebral y en un mal pronóstico respecto a la duración de su vida.

Aquel 31 de enero de 2007 me convertí en «la madre de Kike» con todo lo que significaba: dosis extra de coraje, determinación, valentía, fortaleza.

Ahora que la situación de mi hijo mayor se ha estabilizado y que el pequeño también se hace mayor, tengo más tiempo para detenerme y pensar, y me doy cuenta de que esa fortaleza que todo el mundo reconoce en mí la he entrenado a lo largo de los años.

No soy una roca. No lo he sido nunca. Supongo que nací con cierta predisposición a superarme, a no volver la cara

*Esa fortaleza que todo
el mundo reconoce en mí
la he entrenado
a lo largo de los años.*

ante las dificultades y a buscarme la vida, pero también he aprendido a fomentarla ante las dificultades de mi propia vida.

Y esto es lo que realmente considero que debo compartir y la razón por la que escribo estas páginas.

Me convertí en mi propio lugar seguro. Aprendí a sobrevivir en un mundo que de muy niña ya se me reveló con una dureza que incluso a un adulto le habría hecho tambalearse.

Nunca me permití derrumbarme. No era una opción. Sobre todo, porque no sentí el respaldo emocional de mis padres: siempre debía enfrentarme a las dificultades sola.

* * *

Recuerdo las semanas que pasé con Kike en la UCI neonatal del madrileño Hospital Universitario de La Paz. Pesaba unos 800 gramos, los cables que lo mantenían conectado a la vida abultaban más que él; era lo menos parecido a un bebé que podrías imaginar.

Un día vino mi madre a visitarnos. Se sentó frente a nosotros y empezó a llorar. Al principio lo tomé como algo normal: la imagen de su nieto, desde luego, era impactante. Cualquier persona con un mínimo de sentimientos habría tenido difícil contener las lágrimas. Pero el llanto no cesaba. Y, con él, los lamentos.

—Ay, Fabiola…, ¿cómo puedes estar tan entera, tan fuerte, con lo que estás pasando?

Aquellas palabras me parecieron puñales en el corazón y me rebelé. ¿Cómo podía ser eso? ¿Cómo era que yo no me permitía un solo momento de fragilidad delante de mi hijo y venía mi madre a derrumbarse ante nosotros sin considerar mi dolor? ¿Tanto le costaba darse cuenta del esfuerzo que hacía por mantenerme en pie? Solo necesitaba el apoyo de mi madre, que me consolara, que me diera amor para no sentir, una vez más, que estaba sola.

La misma rabia me hizo estallar. Lloré con ira. Notaba cómo las lágrimas salían a borbotones de mis ojos, imparables, y me inundaban la cara.

No me salían las palabras. ¿Era posible que incluso entonces, en ese hospital donde me encontraba ante el momento más decisivo de mi vida, tuviera que seguir apoyándome en mí misma? ¿Que una vez más tuviera que asumir el papel de fuerte cuando era yo quien necesitaba ayuda? ¿Que ni así encontrase en mi madre un lugar seguro para mí y que me dijese: «Venga, hija, *palante*, que aquí nos tienes»?

—Mami, si vienes a llorar, prefiero que no vengas —fue lo único que acerté a responderle.

Y supe que «Fabiola la Fuerte» tendría que ser aún más fuerte. Que, una vez más, tendría que mostrarme firme y no derrumbarme porque ella no iba a recoger mis pedazos para reconstruirme.

* * *

Han pasado casi dieciocho años y ya puedo permitirme romperme, para reconciliarme con mis cicatrices y, como hacen los japoneses con la técnica del *kintsugi*, utilizada para reparar con resina y polvo de metales preciosos las piezas de cerámica fracturadas, convertirme en una versión mejor de mí misma.

Estas páginas son una herramienta para deshacer los nudos que se han ido formando en la madeja de esas vivencias que me han dado la fortaleza extrema que veis en mí y que solo ahora, con la madurez de la que disfruto, puedo desenredar para poner mi experiencia al servicio de los que han de enfrentarse a cualquiera de los retos que la vida les pone por delante y sienten que les flaquean las fuerzas.

Antes de seguir leyendo, quiero que tengas muy claro esto: puedes convertirte en tu lugar seguro: te dará autonomía e independencia. Y si a eso le sumas la capacidad de entender y de perdonar, encontrarás una plenitud que dará

Puedes convertirte en tu lugar seguro: te dará autonomía e independencia.

más sentido a tus días. Porque acercarnos a nosotros mismos con amor y honestidad ayuda a que sanen nuestras heridas.

Gracias por acompañarme en este viaje. Prepara las maletas porque nos vamos lejos, en el tiempo y en el mapa: a la ciudad de Maracaibo en la Venezuela de 1972.

OBLIGADA A SER FUERTE

Maracaibo: una infancia sin lugar seguro

«También yo he sentido la inclinación a obligarme, casi de una manera demoníaca, a ser más fuerte de lo que en realidad soy».

Søren Kierkegaard

En mi ciudad natal hace mucho calor, hay petróleo del bueno, las playas son hermosas y los guajiros *arrechos*, «espectaculares»: así son nuestros indígenas. Maracaibo es una tierra regia.

Mi familia siempre ha sido muy humilde, con muy pocos recursos económicos. Mi madre se llama Francis y mi padre, Julio. Soy la mayor de dos hermanos: cuando tenía cuatro años, llegó al mundo Julio, mi hermano, que heredó el nombre paterno. Y, a pesar de la escasa diferencia de edad, siempre se me inculcó la responsabilidad de su cuidado. Esto hizo que me tuviera que comportar como una adulta desde bien chiquita, haciendo las veces de madre cuando, en realidad, lo suyo era que me hubiera pasado los días jugando con él y soñando como cualquier otra niña.

Porque era muy soñadora, sí. Una niña tímida y con mucho mundo interior. Me recuerdo encerrada en la habitación que compartía con mis padres y mi hermano escribiendo mil historias. Siempre buscando algo nuevo incluso en las cosas más pequeñas. Siempre intentando explicarme el mundo y razonar más allá de lo que mi inocencia me permitía de forma natural.

Me encantaba estar en la naturaleza. Pasábamos muchos fines de semana visitando ríos y campo, pero también la playa del tío Sisoy, que no era tío mío, sino de mi padre. Aquello era un pequeño paraíso para nosotros: tenía una playa con una especie de huerto, que en Venezuela llamamos *hato*, y allí pasábamos el día. Para poder bañarnos, había que barrer la playa primero: a la orilla llegaban todo tipo de desperdicios, desde zapatos a botellas, pasando por juguetes e incluso ropa. Luego nos metíamos en el agua y de allí no había quien nos sacase, salvo para comer: aún puedo oler el arroz con pollo que llevaba mi madre en la olla y sentir el sol y el agua sobre mi piel de una manera muy salvaje, muy libre y primitiva.

A veces cruzábamos el país en el auto para ver la selva. Salir de Maracaibo pasando por el inmenso puente General Rafael Urdaneta —¡es el segundo más largo de toda América Latina!— era para mí como adentrarse en una gran aventura que a cada minuto ofrecía una inmensa felicidad. Lo importante no era el destino en sí, sino el propio viaje. De pronto nos parábamos en la carretera a bañarnos en un río, con ropa y todo: después de refrescarnos, seguíamos el camino.

Recuerdo que en aquellas escapadas tenía una especie de obsesión por absorber cada emoción, por registrarlo todo en la memoria, como si fuera una foto mental. El mundo me parecía enorme, *mollejúo*, como decimos allá. Pensaba: «Voy a mirar todo muy bien para que no se me olvide». Y quizá por ello tengo tan nítidas las imágenes que me transportan a mis canturreos por el camino, a mis bailes en aquella playa salvaje…, a las canciones del grupo Menudo, Enrique y Ana, y Popy, que era un payaso famosísimo en Venezuela en los años de mi infancia. Desde chiquita iba en el coche cantando y bailando. ¡Y me asomaba por la ventanilla de atrás para que la gente que iba en los otros coches me viese!

Es curioso, porque ahora que soy adulta siento mucho más arraigo que el que sentía de jovencita. Supongo que se debe a que nunca viví en un lugar al que se le pudiera llamar hogar. Cuando mi padre tenía trabajo estable, nos instalába-

Ahora que soy adulta siento mucho más arraigo que el que sentía de jovencita. Supongo que se debe a que nunca viví en un lugar al que se le pudiera llamar hogar.

mos los cuatro solos en una casa, pero cuando las cosas iban mal, nos «refugiábamos» en la de mi abuela materna, Ida. Y casi siempre iban mal.

Aunque la casa de mi abuela Ida era nuestro «fortín» familiar, lo cierto es que vivimos mudanzas constantes durante mi infancia. Mi padre trabajó primero en un negocio de aserraderos, oficio que aprendió de mi abuelo paterno y que hizo que viajase mucho. Luego se empleó en un matadero en Machiques, y con el tiempo se dedicó a la carnicería. Digamos que se buscaba la vida como podía para mantener a su familia y, en ese ir y venir, mi madre, mi hermano y yo íbamos yendo y viniendo también. Así que me crie con la familia de mi madre. Y allí se formaron los recuerdos que hoy vienen a mi mente de manera más fuerte y nítida.

* * *

Ida Alcira, así se llamaba aquella vivienda, era una pequeña casita que construyó el padre de mi madre con sus propias manos en uno de los barrios más humildes de Maracaibo. No llegó a terminarla, así que, cuando él falleció, se fue ampliando como buenamente se pudo: los tres primeros dormitorios eran de obra, pero la cocina, el baño y otro dormitorio se hicieron con láminas de zinc. Era lo que allá llamamos *ran-*

chito y en España, chabola. Así sigue hasta hoy, que está prácticamente abandonada.

Allí la pasábamos un ejército de familiares: en solo cuatro habitaciones nos arreglábamos para vivir. Como conté antes, nosotros íbamos y veníamos, y algunos de mis tíos hacían lo mismo. Hubo una época en la que la compartimos con el tío Nené, su mujer y sus hijos. Otra temporada se instalaron en ella el tío Felipe y su familia. También el tío Franklin cuando se quedó viudo.

Además, aunque no dormían en casa de la abuela Ida, hacían vida allí mis primos Taryn, Tammy y Edgar. Ellos vivían en la calle de atrás, en una casa que estaba un poquito mejor, pero se la pasaban con nosotros: siempre venían donde la abuela... Y allí nos criamos todos juntos. La habitación del fondo de la casa, la última que se hizo, nos la repartíamos los primos mayores cuando se quedaba libre. No era la más cómoda, pero sí la que nos permitía tener algo parecido a la independencia en un lugar atestado de gente.

Algunos platos habituales en la mesa de la abuela —como en cualquier otra casa maracucha— eran el hígado en coco con arroz blanco, los manguitos verdes con limón y adobo y, por supuesto, el pabellón criollo, que se considera nuestro plato nacional: se compone de arroz blanco cocido, carne mechada de res, frijoles negros —también llamados *caraotas*— y plátano maduro frito con queso rallado. Mi padre se encargaba de las *hallacas*, un plato muy tradicional de Venezuela, especialmente en Navidad. Se hace con una masa de harina de maíz que se sazona con caldo de gallina y se rellena con un guiso de carnes variadas, a veces acompañado de encurtidos o verduras. Luego se envuelve en hojas de plátano y se hierve. La casa de mi abuela estaba en una zona de Maracaibo que se conoce como La Limpia. Es curioso que se llame así porque ni siquiera teníamos agua corriente para limpiar: había que recogerla por la noche, cuando llegaba por las tuberías. Algunas casas tenían una bomba de agua conectada a un tanque subterráneo y, cuando el motor detectaba que llegaba el caudal, se activaba, succionaba y llenaba el tanque. Pero nosotros no teníamos la posibilidad de contar con esa maquinaria, así que esperábamos a que viniera el agua por la noche y, con una manguera, íbamos llenando cubos. Con esa agua que habíamos recogido teníamos que apañarnos durante todo el día siguiente para cocinar, limpiar y lavarnos. ¡Recuerdo que bañarse era un auténtico lujo! Y bueno, había veces que el agua no venía: si pasaba más de dos días sin que llegase, teníamos que esperar a comprársela al camión cisterna cuando pasaba por el barrio.

Curiosamente, en barrios como el mío, cuanto menos tienes, más limpios y perfectos quieres llevar a los niños. Y yo era una especie de princesita salvaje a quien mi madre quería llevar con el pelo perfectamente peinado en dos coletas y la ropa bien pulcra, pero que se rebelaba porque quería jugar en la arena descalza, subirse a los árboles y no andarse con remilgos. No me gustaban mucho los vestiditos, ni los lazos, ni ponerme zapatos. No quería ser la princesita que pretendían mis padres, aunque no tuviéramos medios: yo lo que quería era ser la niña salvaje de los baños en la playa y los juegos en los árboles.

Puedes imaginar que, con tanta gente en casa, el día a día era pura supervivencia. No había tiempo para mimos o cariños. Desde chiquitas, mis primas y yo trabajábamos en casa como las que más y se nos hacía responsables de un montón de tareas de intendencia, especialmente a mí, que era la mayor de todos los nietos.

—¡Verga, muchacha el coño, que no habéis lavado los platos! —Cuando mi madre se *arrechaba*, se enojaba, que era con frecuencia, se despachaba a grito limpio y amenazaba con darnos con la zapatilla—: ¡Qué vaina! ¡Mirá, te voy a dar con la *cotiza*!

Mi abuela Ida era el pilar de la familia. Una mujer dura emocionalmente y también en cuanto a la exigencia consigo misma. Aun siendo muy mayor, se levantaba de madrugada, sobre las cinco, para limpiar la casa, lavar a mano la ropa y después tener todas las prendas planchadas.

No quería ser la princesita que pretendían mis padres, aunque no tuviéramos medios: yo lo que quería era ser la niña salvaje de los baños en la playa y los juegos en los árboles.

Era muy menuda y delgada. Veo su foto de joven y me recuerda a las actrices de cine clásico, con cierto halo de dignidad y hasta de misterio, y una mirada que te traspasaba. Tenía las orejas muy grandes... ¡Menos mal que yo no las saqué! En lo que sí creo que me parezco a ella es en las piernas: tenía el tobillo muy fino y el gemelo marcado con firmeza, precioso. Quizá por eso le gustaba tanto ir con tacones: aunque viviéramos en una casa donde la elegancia brillaba por su ausencia, abuela Ida se las arreglaba para ponerse tacones siempre que podía.

Era curioso que en un cuerpo tan pequeño como el suyo pudiera caber tanta dureza. Con ella misma y con los demás. Era una mujer muy desafiante, incluso en su porte. Para nada se parecía a las abuelitas de carácter dulce que tenemos idealizadas. En su comportamiento con nosotros era más bien todo lo contrario.

Tenía sus preferidos, una predilección que iba variando en función de las posibilidades económicas que tuviera cada uno de sus hijos. Y en la temporada que no eras su prioridad, te convertías no en su enemigo, pero sí, desde luego, en objeto de su enojo con la vida.

Un ejemplo: en las escasas temporadas en las que mis padres vivían una situación algo más cómoda y alquilaban una casa para nosotros cuatro, mi abuela se presentaba allí y arramplaba con toda la comida que podía para dársela a otro de sus hijos que tuviera menos. Y comprendo que en familia uno se ayuda, pero no de ese modo: abuela Ida no se daba cuenta de que nos estaba quitando algo que a mis padres les había costado mucho conseguir... y su actitud provocaba discusiones y enfrentamientos entre sus propios hijos y, por ende, entre sus nietos.

Esto hizo que en nosotros se instalase una máxima para sobrevivir: «Tonto el último». Agudizábamos el ingenio para todo, incluso para las comidas del día a día. Si llegabas a casa del colegio y no cogías tú misma un plato y te ponías comida, quizá te quedabas sin comer, aunque abuela siempre vigilaba que los preferidos del momento tuvieran su plato lleno de las mejores piezas. En casa no comíamos todos juntos, sentados a una mesa, compartiendo ese momento familiar. Alimentarnos era una cuestión de mera supervivencia..., como tantas otras cosas en el día a día.

No juzgo a mi abuela. Supongo que hizo lo que pudo con lo que tenía, tanto en lo material como en lo sentimental. Para mí, durante un tiempo, fue mi refugio: yo era la primera nieta y, de algún modo, la «consentida» de la casa. Pero aquello duró lo justo, lo que tardaron en llegar los arreones.

* * *

Mi familia materna era muy de zurrar. Tenían la mano muy suelta. No hacía falta que hubiéramos cometido ninguna trastada importante: cualquier discusión cotidiana se zanjaba con un bofetón, una colleja, la *cotiza* dejándote marcada la suela en el muslo o en la cara después de que te la estamparan con fuerza y ganas. O agarraban el cable de la radio y lo doblaban varias veces, bien tenso, como si fuera una porra de la policía y te arreaban con él.

—¡En las piernas nooo! —era mi grito siempre. Que no me pegasen en las piernas. Porque si luego tenía clase de Educación Física en el colegio, se me verían las marcas y me daba vergüenza.

La comunicación era, en ocasiones, inexistente. Hasta un punto que puede parecer de chiste y que, de hecho, hoy me hace reír, pero que es muy significativo para comprender que la palabra no era precisamente nuestro don más preciado. Había que desarrollar una especie de habilidad para leer los pensamientos de los mayores, que te pedían las cosas sin mucho detalle, pero esperaban que obedecieras sin error:

—¡Muchacha, traeme eso que está encima del bicho de la bicha esa! —te decía de pronto una tía… y tú sabías perfectamente qué era el bicho aquel y también esa bicha donde estaba. La verdad es que parece un trabalenguas.

Hoy pienso en los azotes, las marcas en las piernas… y lo veo con horror, pero confieso que en aquellos momentos me parecía un modo de vida normal. Era la norma, la de mi familia. Habían crecido así y así actuaban. No lo justifico ni mucho menos lo apruebo: hacerlo significaría que me doy permiso para repetir el patrón y, muy al contrario, he trabajado mucho para hacerlo mejor, evitando repetir las actitudes que me hicieron tanto daño. Sigo ahondando en la comprensión y en el perdón como herramientas clave para no caer en los errores de mis padres y poder superar las vivencias que me hicieron fuerte a golpes. Literalmente.

Pondré un ejemplo de un recuerdo que tengo muy nítido. Mi hermano y yo solíamos tener las típicas discusiones tontas de los niños que están todo el día juntos: que si déjame esto, que si no te lo dejo, que si se lo voy a decir a la abuela… Lo cierto es que yo acumulaba la rabia que me provocaban los azotes de los mayores y luego la pagaba con mi hermano. Porque maquinaba muchos castigos para mis primos, pero en realidad con quien terminaba a manotazos era con Julio. Repetía con él lo que había visto en mi madre: me levantaba, me quitaba las chanclas, me cuadraba como un boxeador y le pegaba.

Un día cualquiera, en mitad de una riña de las habituales, agarrándonos mutuamente, me salió el instinto más salvaje y

Sigo ahondando en la comprensión y en el perdón como herramientas clave para no caer en los errores de mis padres y poder superar las vivencias que me hicieron fuerte a golpes. Literalmente.

le pegué una patada en los huevos. Se cayó de culo. Mi madre, que andaba por allí, estalló de ira. Con los ojos desorbitados, como si se le fueran a salir de la cara, agarró lo primero que tenía a mano, que era el plato de comida, y me lo partió en la cabeza. Tal cual.

No lloré. Apreté los dientes y me cuadré. No iba a consentir que mi madre me viera débil ni por un momento. No me podía defender de una adulta, eso estaba claro, pero me negaba a hacerme chiquitita. En mi mente siempre se repetía el mismo pensamiento: «Ahora no puedo defenderme, pero podré. Y entonces te vas a enterar». Eso fortaleció mi autoestima, pero también alimentó mi rabia.

* * *

El hecho de criarme con la familia materna ha forjado fuertes lazos con algunos de mis primos. En cambio, con la familia de mi padre apenas he tenido relación. Normal: mi padre no vivió precisamente una relación familiar convencional. Mi abuelo paterno conoció a mi abuela cuando ella era solo una adolescente y, aunque él estaba casado, «se la llevó» —que es la expresión que se empleaba en Venezuela para referirse al hecho de arrancar a una chica de su familia— y la dejó embarazada. Cuando mi abuelo se enteró, como tenía cierta holgura económica, le quitó al niño y se lo encomendó a la hermana de mi abuela, que en ese momento estaba casada y tenía hijos, para que criase a mi padre, mientras mi abuelo se encargaba de su manutención. Así es como mi padre creció creyendo que su tía era su madre y que sus primos eran sus hermanos; hasta los nueve años no supo la verdad. Y, mientras tanto, mi abuelo paterno se separó de su primera mujer, se casó con otra y tuvo tres hijos más; y mi abuela paterna también se casó, ya adulta, y tuvo otro montón de hijos. Así que mi padre tiene hermanos por doquier, pero ninguno de padre y madre. Una familia un poco loca. Y no solo por eso.

La noche que murió mi abuelo paterno empezó a morir también una parte de mí: mi inocencia.

En mi mente siempre se repetía el mismo pensamiento: «Ahora no puedo defenderme, pero podré. Y entonces te vas a enterar».

UN NIDO DE ESPINAS

Mi inocencia destruida

«La familia es un nido de perversiones».

SIMONE DE BEAUVOIR

Perdí la inocencia a los cinco años. La misma noche en la que el padre de mi padre falleció en un accidente de tráfico.

Un borracho se saltó el semáforo de un cruce y se llevó el coche de mi abuelo por delante. Él murió en el acto al recibir todo el impacto del golpe. Con él iban su mujer, Carmen, y dos de sus hijos. Uno de los chicos se bajó del automóvil y empezó a andar, completamente desorientado, aturdido. Lo encontraron muy lejos de donde sucedió el accidente. El otro sufrió heridas leves: fue al hospital a que lo curaran y le dieron el alta enseguida.

En aquella época mis padres, mi hermano y yo vivíamos en casa de mi abuela materna, Ida —aunque ese día mi padre no estaba: se encontraba fuera por un viaje de trabajo—. Recogieron a mi tío, el que menos daños había sufrido para que pasara la noche con nosotros. Carmen y mi otro tío permanecieron en el hospital.

Y entonces sucedió.

Como no había camas suficientes para todos, a mí me tocó dormir con mi tío. Y en mitad de la noche me despertó su mano, que tomaba con firmeza la mía para ponerla en sus genitales y allí moverla, marcando el ritmo macabro de sus más bajos instintos. Y yo, que no entendía absolutamente nada de lo que estaba pasando, me hice la dormida.

No tenía más de cinco años. Supongo que me quedé paralizada y aturdida. ¿Cómo iba una niña de esa edad a saber qué era aquello que estaba pasando? ¿Cómo iba a comprender que un adulto, un familiar que se supone que debía cuidarme, en realidad estaba abusando de mí?

Aquella noche acabó mi infancia y comenzó una etapa en la que aquel hombre —a quien aún hoy me cuesta mucho recordar— abusó de mí en las visitas de los fines de semana, en las reuniones familiares…; cada vez que tenía ocasión. No fue de manera rutinaria ni violenta, pero sí repetidamente. Y este juego siniestro se intensificó cuando cumplí quince años: mi tío empezó a trabajar en la carnicería que entonces regentaba mi padre y eso hacía que nos viéramos mucho más a menudo. A esa edad yo ya oponía resistencia y lo pasaba muy

¿Cómo iba a comprender que un adulto, un familiar que se supone que debía cuidarme, en realidad estaba abusando de mí?

mal. No entendía cómo nadie se estaba dando cuenta de lo que pasaba.

* * *

En esa época empezaba a gustarme un chico, mi vecino Leonel; creía estar enamorada y comenzaba a hablar de sentimientos…, o, más bien, de sensaciones. Y, claro, llevaba muchos años viviendo una relación que, por más que fuera anormal y cruel, había asimilado como parte de mi vida. Como si así tuvieran que ser las cosas. Sentir lo que estaba sintiendo por Leonel era tan diferente, bonito, natural y entre iguales, que me ayudó a armarme de valor para salir de la situación en la que me veía atrapada.

Todo saltó por los aires cuando tuve la primera relación sexual consentida. Yo tenía diecisiete años, a punto de cumplir dieciocho. Cuando llegó el momento de compartir ese momento íntimo, se despertó en mí la vergüenza. Y lo que tendría que haber sido una vivencia emocionante y romántica, se convirtió en un recuerdo que aún hoy me provoca cierta amargura.

—Pero… tú no eres virgen.

—¿Cómo que no? Es la primera vez que estoy con alguien.

—No, tú no eres virgen. No has sangrado.

Aquella falta absoluta de amor y de tacto me provocó mucha vergüenza: enseguida pensé que se iba a descubrir lo que me había sucedido con mi tío durante tantos años. ¿Y cómo contarlo? ¿Cómo afrontar algo tan sucio y antinatural? ¿Cómo iba a asumir la culpa que entonces creía mía por haber permitido que pasara?

*   *   *

Hoy, cuarenta años después, todavía intento explicarme cuál fue el mecanismo que se desarrolló en mi cabeza para «digerir» aquello y llegar a creer que los abusos no eran tales, sino que era una especie de amor. Cuando conecto con mi yo de niña, siento desamparo y confusión. Durante muchos años sobreviví al trauma callando, inhibiendo el dolor emocional y curando mis heridas con relaciones sentimentales poco sanas que me aislaban aún más y aumentaban mi desconfianza en los otros.

Mi instinto de supervivencia no solo distorsionó la realidad del abuso, también me desconectó de la niña que sufría. Por eso quiero saber cómo funcionan los procesos mentales que a veces te salvan o te destruyen. Porque creo que, en el fondo, de forma consciente o inconsciente, todos tenemos la capacidad de salvarnos y salir de cualquier situación con ayuda profesional.

Ahora estoy trabajando en mis recuerdos con Marian Rojas porque en ellos se mezclan las imágenes, las emociones y determinados momentos de manera desordenada. En las sesiones lo hemos tratado a fondo y tiene mucho que ver con que el abuso empezara desde muy chiquita, poco a poco, invadiendo cada vez más mi intimidad y mi cuerpo, sin sufrir una agresión violenta que me dejara en *shock*. Cuando te maltratan físicamente, el daño te traumatiza y te paraliza; sin embargo, los abusos de mi tío fueron progresivos y manipularon mi inocencia, confundiéndome.

Todo empieza muy poco a poco. Con una caricia bajo las sábanas. Y aquello provoca una sensación que a tu mente infantil le choca, pero que a tu cuerpo no le termina de desagradar. Porque al final la piel responde. Y, de hecho, desde edades muy tempranas empezamos a explorarnos y a descubrir el placer que produce tomar conciencia de nuestra sexualidad. Cuando esto se mezcla con la intervención de un adulto, que invade tu intimidad y provoca malestar en forma de vergüenza o culpa, tenemos todos los ingredientes para una bomba de relojería emocional que explota una y otra vez a lo largo de la vida.

Durante muchos años sobreviví al trauma callando, inhibiendo el dolor emocional y curando mis heridas con relaciones sentimentales poco sanas que me aislaban aún más y aumentaban mi desconfianza en los otros.

Durante diez años —repito, de manera esporádica— el abuso sucedió de un modo perversamente natural, de tal manera que la niña que yo era confundía aquellas caricias obligadas con caricias verdaderas. Y el abuso sexual se transformó en una relación a escondidas. Entre los recuerdos, aparecen frases como «Te quiero mucho, Fabiola... y si cuentas esto nos van a separar». Me callé porque hacía que me sintiera responsable, terminé pensando que no era él solo quien hacía algo inapropiado, sino que yo colaboraba.

Ahora que soy adulta, que soy madre, sé lo fácil que es manipular a un niño o a niña para hacerle creer que los abusos son normales. Que forman parte de su vida y que será culpa suya si se descubren y los mayores se enfadan.

* * *

Cuando estallé, porque no podía más de dolor y desasosiego, reuní el valor para contárselo a Taryn, mi prima. Intenté hacerlo con tranquilidad porque quería liberarme, pero no provocar un problema familiar: sentía vergüenza e incluso culpa.

Honestamente, no recuerdo los detalles de aquella conversación. Supongo que mi mente ha borrado mucho de lo que sucedió como una manera de defenderme. Sí sé que fue una confesión de primas, un secreto entre ambas. Pero a ella le debió de parecer algo denunciable, debió de chocarle, porque, por primera vez en tantos años de complicidad, no me guardó el secreto.

Mi prima se lo contó a su madre. Y su madre a la mía. Mi padre también lo supo. Y su reacción me dolió casi más que todos aquellos años de abusos.

Mis padres nos enfrentaron a mi tío y a mí. Un cara a cara macabro en el que aquel hombre se refugió en la mentira para negarlo todo. No podía creerlo. Imagina cómo se me quedó la cara cuando le escuché decir que era mentira, que no había sucedido. ¡Durante diez años!

No pude articular palabra. Solo bajé la cabeza por la vergüenza que sentía.

Mi madre entonces, presa de la frustración y de la rabia, perdió los nervios y se le fue la mano conmigo. Mi padre, por su parte, optó por callar. Supongo que pensó que de lo que no se habla no existe y eso fue lo que hizo: intentar borrarlo de la historia familiar por la vía del silencio.

Lo único positivo de aquel enfrentamiento fue que desde ese día no volví a ver a mi tío. Jamás se volvió a mencionar su nombre en casa. Lo dicho: fue como si nada hubiera sucedido.

Lo peor de todo no fue la vergüenza o la paliza que me llevé como castigo por algo de lo que había sido víctima. Lo peor fue perder la confianza en mis padres: me hicieron sentir culpable y su reacción me alejó de ellos. Creo que fue entonces cuando construí la muralla en la que cobijé mi fortaleza: sin alguien que me protegiera, mi propio hogar se había convertido en el lugar hostil para mí. Solo me tenía a mí misma.

Respecto a los abusos, no he hablado de ellos con nadie... hasta hace muy poco tiempo. Los enterré en lo más profundo de mi mente creyendo —¡ilusa!— que el silencio y las ansias de olvido me permitirían seguir con mi vida como si nada hubiera pasado. Lo que no pude acallar dentro de mí fue ese sentimiento de vergüenza, mezclado con alguna que otra dosis de culpa y de asco, que me ha acompañado desde entonces. Toda mi vida, mi personalidad y mis decisiones han sido condicionadas por esa gran herida que me partió en dos desde mi infancia. Y lo he entendido cuando he reunido fuerzas para contarlo.

¿Cuándo es el mejor momento para aceptar o entender que la persona que se supone que te debe querer y cuidar, alguien de tu propia sangre, es un monstruo depredador? ¿Cuándo es el día adecuado para levantar la voz como víctima? No tengo la respuesta. Pero sí sé que lo que me dio claridad mental y de algún modo cambió mi vida fue comprender que había sido víctima y no culpable ni cómplice, que no tenía responsabilidad alguna en todo aquello. Y que no tenía que seguir cargando con la pesada losa del silencio.

*   *   *

Esto que cuento, por desgracia, no es algo que me haya sucedido a mí de manera excepcional. Si lo comparto, desde el altavoz a mi disposición como personaje público, es precisamente para que nos demos cuenta de que los abusos sexuales durante la infancia suceden con mucha más frecuencia de la que queremos admitir.

Una de cada cuatro niñas y uno de cada seis niños han sufrido abuso sexual antes de cumplir dieciocho años en cualquier país occidental. No quiero imaginar hasta dónde se disparan en sociedades donde la integridad no es precisamente un valor. Por simple estadística, el dato significa que tú, que lees estas páginas, o alguien de tu alrededor, habéis podido ser víctimas de abuso. Y, si lo miramos desde la otra cara de la moneda —que también existe—, también puede haber entre las personas que lean estas páginas o en su círculo cercano algún agresor.

Es horrible, sí. Pero no por ello menos real.

El silencio es la cueva del monstruo. Callar ante el abuso no puede ser una opción. Porque nadie tiene derecho a robarnos la inocencia; y más aún: todos tenemos la responsabilidad de protegerla.

Sé por propia experiencia lo difícil que resulta proyectar luz en esa cueva. Es doloroso hasta el extremo. Cada peque-

El silencio es la cueva del monstruo. Callar ante el abuso no puede ser una opción. Porque nadie tiene derecho a robarnos la inocencia; y más aún: todos tenemos la responsabilidad de protegerla.

ño rayo de claridad se te clava en el alma y es como si todo tu ser ardiera al recordar vivencias traumáticas. Y el dolor es aún más intenso y lacerante si la cueva es tu propia casa.

Pero enfrentarse al trauma es clave para entenderse mejor. Sanar es un acto de valentía y autoestima necesario. Aceptar la propia vulnerabilidad, abrazar la fragilidad y amarse es la manera de seguir. Porque no somos lo que nos sucede: somos aquello en lo que decidimos convertirnos.

Insisto: han tenido que pasar cuarenta años para darme cuenta de la importancia de poner palabras a tanto dolor y para comprender mi reacción durante todo el tiempo en que sucedieron los abusos. Cuando eres una víctima tan chiquita, no tienes herramientas, ni educación ni madurez para darte cuenta de que eso que sucede no te corresponde. Sientes que hay algo raro, sobre todo porque ves que el adulto que tienes al lado tomando tu mano para saciar sus instintos lo hace a escondidas para que nadie os vea. Esconderse supone que no quieres que te descubran. Y si no te pueden descubrir es que algo de lo que estás haciendo no está bien.

Pero al mismo tiempo ese adulto, que de algún modo te está iniciando en el sexo, te hace creer que te quiere. Que eres especial. Que compartís un secreto que os ata con un lazo único e irrompible, y si los mayores se enteraran, ese lazo se rompería, te quedarías sola, nadie te querría nunca como te quiere él..., y solo tú tendrás la culpa. Sssh..., a callar.

Con el paso de los años, he aprendido que este tipo de vivencias, tan duras, tan crueles para una pequeña que está empezando a vivir, pueden provocar dos tipos de reacciones que se afianzan en la madurez y perduran en el tiempo: la primera es victimizarse, autocompadecerse y no salir del «¿por qué a mí?»; la segunda es coger todo lo que nos atormenta, mirarlo a la cara y convencernos de que, si hemos podido con ello, podemos con más. Porque nada nos vencerá si no nos necesitamos nada más que a nosotros mismos para protegernos.

Yo escogí la segunda opción.

* * *

Tuve que bastarme sola para protegerme también en el colegio. Aunque las mudanzas constantes de mis padres me hicieron cambiar de escuela varias veces, casi todos los cursos de la educación infantil los pasé en las aulas del colegio Cagigal, toda una institución académica que cuenta ya con casi setenta años de historia. Como conté al principio, a mí siempre me ha gustado leer, escribir. Tenía mucha curiosidad y eso se traducía en que era una buena estudiante, aplicada y atenta. Sin embargo, suspendí Matemáticas después de haber sacado muy buenas notas en el primer examen. Y no fue por no saber resolver los ejercicios, sino porque era muy consciente del resultado de «ciertas sumas». En concreto, de lo que suman un adulto y una niña encerrados en una habitación.

En el primer examen, había sacado un 18 o 19 sobre 20, que es como se puntuaba en Venezuela. El profesor me puso de ejemplo delante de toda la clase.

—¡A ver si aprendéis de Fabiola!

Llegó el segundo examen y, extrañamente, mi nota bajó. Estudiaba igual, seguía aplicándome, y no entendía por qué el resultado era tan distinto si nada en mí había cambiado. De nuevo, aquel hombre habló de mí en clase, pero esa vez en un tono radicalmente opuesto.

—Qué decepción, Fabiola…, ¡qué decepción me he llevado contigo!

Cuando terminó la clase, se acercó a mí.

—*Mija*, ¿te puedes quedar un momento? Tengo que hablar contigo.

Quizá fue por todo lo que ya llevaba vivido con mi tío a escondidas, que había hecho que desarrollara un instinto de supervivencia especial, pero vi algo raro en aquella propuesta. Y no me quedé.

Conmigo no le funcionó la táctica que seguía con las alumnas de las que abusaba: elegía a las mejores estudiantes, hacía que se sintieran importantes en público y después, también en público, las humillaba. Y como querían ser alumnas ejemplares, aceptaban su propuesta para quedarse tras la clase. La excusa era que había que repasar tal o cual lección porque necesitaban un apoyo extra.

Mi instinto me protegió de aquel hombre. Él vio que yo no iba a ser fácil de manipular y decidió hacerme la vida imposible. Nuestros enfrentamientos eran constantes y, finalmente, usó su poder para hacerme daño de otra manera: suspendiéndome. Aquello me obligaba a repetir curso y yo sabía que era una injusticia.

—¡Ustedes tienen que pedir revisión del examen! ¡Yo sé que lo he aprobado!

Me cansé de rogar a mis padres que dieran la cara por mí. Que me creyeran: estaba convencida de que ese suspenso era un capricho de aquel profesor. Pero nunca me hicieron caso.

El tiempo me dio la razón: al año siguiente lo expulsaron del colegio porque se destapó todo el escándalo de abusos sexuales a sus alumnas.

Una de ellas era amiga mía. Cuando saltó todo por los aires, le pregunté:

—¡Pero ¿por qué nunca dijiste nada?!

—Porque pensaba que nadie me iba a creer.

Y con el tiempo esas palabras han resonado una y otra vez en mi mente. Me han hecho pensar mucho en la cantidad de personas que sufren abuso en su infancia o adolescencia y no lo cuentan por miedo a que nadie les crea. Cada vez que sale este tema en una conversación, alguien reconoce haber sido víctima de abusos o conoce a una persona que lo ha sido. Solo así se explica la cifra escalofriante de la Organización Mundial de la Salud, que estima que hasta 1000 millones de niñas (en su mayor porcentaje) y niños entre dos y diecisiete años en todo el mundo han sufrido abusos físicos, sexuales, emocionales o abandono. Las estadísticas son de 2022, pero, por desgracia, nada hace pensar que la situación haya mejorado.

Y las consecuencias para estos menores que han sido víctimas de abusos son la depresión, la ansiedad, los comportamientos antisociales, violentos o promiscuos, el fracaso escolar, el suicidio…

Detectar el abuso infantil no es tarea fácil en muchas ocasiones. El agresor se esconde y se las ingenia para que nadie le pille in fraganti, mientras que el menor calla por miedo y vergüenza. Sin embargo, hay señales a las que debemos estar atentos: fundamentalmente los cambios de conducta de nuestros hijos e hijas sin motivo aparente.

Detectar el abuso infantil no es tarea fácil en muchas ocasiones. El agresor se esconde y se las ingenia para que nadie le pille in fraganti, mientras que el menor calla por miedo y vergüenza.

Según Save the Children, en 8 de cada 10 casos el agresor es un familiar o un conocido, y el 96 % de los abusadores no tiene antecedentes penales relacionados con la violencia sexual. Esto, unido a la larga duración de los procesos judiciales, provoca que apenas el 15 % de los casos se denuncien.

Ahora, desde la perspectiva de adulta, me pregunto: ¿qué es lo que lleva a una persona madura a abusar de una niña o de un niño de su entorno? ¿Por qué a lo largo de la historia esto se ha producido de manera recurrente? ¿Qué lleva dentro el ser humano para que, a pesar de que este tipo de conductas se penalicen socialmente, se sigan produciendo sin que el abusador sienta que está cometiendo una aberración?

Por el momento no he encontrado la respuesta. Pero sí tengo claro que la prevención es, hoy en día, la mejor herramienta para que se reduzcan estas escalofriantes estadísticas de abuso infantil. Para prevenir se necesita educar. Y para educar se necesita visibilizar. Por eso estás leyendo estas páginas.

Porque yo he tenido que aprender a ser mi propio salvavidas. Y, en realidad, siempre he tenido la vocación de ayudar a sanar a otras personas.

Quizá por eso esta historia continúa en la Facultad de Medicina de la Universidad del Zulia, en Maracaibo.

LOS AÑOS INVENCIBLES

Entre la bata blanca y Miss Venezuela

Mi abuela Ida era el pilar
de la familia. Una mujer dura
emocionalmente y también en cuanto
a la exigencia consigo misma.
Aun siendo muy mayor,
se levantaba de madrugada,
sobre las cinco, para limpiar la casa,
lavar a mano la ropa
y después tener todas las prendas
planchadas.

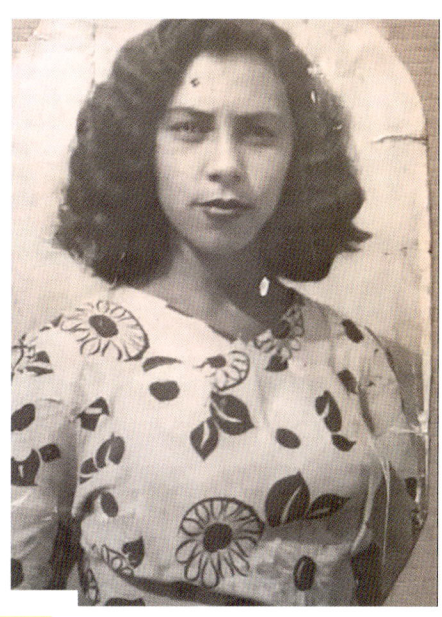

¡Recuerdo que bañarse era un
auténtico lujo! Y bueno, había
veces que el agua no venía:
si pasaba más de dos días
sin que llegase, teníamos que
esperar a comprársela
al camión cisterna cuando
pasaba por el barrio.

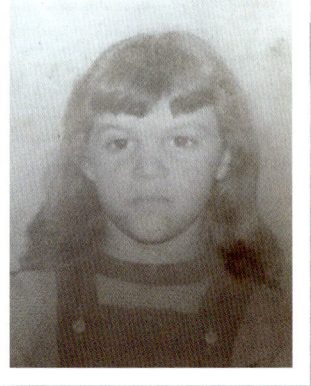

Mi abuelo paterno conoció a mi abuela cuando ella era solo una adolescente y, aunque él estaba casado, «se la llevo» —que es la expresión que se empleaba en Venezuela para referirse al hecho de arrancar a una chica de su familia— y la dejó embarazada.

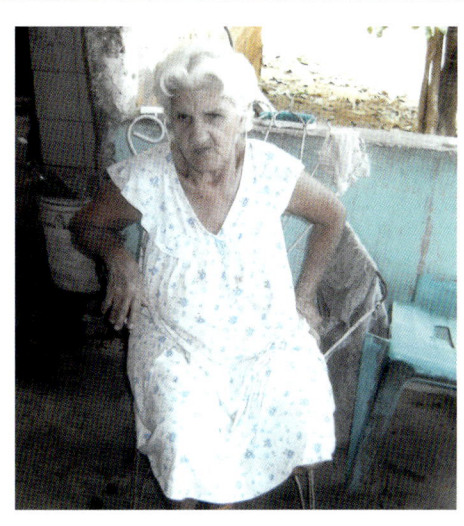

Mi padre se buscaba la vida
como podía para mantener
a su familia... Así que me crié
con la familia de mi madre.
Y allí se formaron los recuerdos que
hoy vienen a mi mente de manera
más fuerte y nítida.

A veces cruzábamos el país en el auto para ver la selva... lo importante no era el destino en sí, sino el propio viaje. De pronto nos parábamos en la carretera a bañarnos en un río, con ropa y todo: después de refrescarnos, seguíamos el camino.

Para mí, aprender a usar
tantos cubiertos fue un auténtico
momento Pretty Woman:
no es que viniera asalvajada
de Maracaibo, pero en mi casa
había lo justo para comer y la
hora del almuerzo no era una
reunión familiar, sino
pura supervivencia.

Das fröhliche Comeback HAPPY
HIPPIE

Phantasievoll und bunt –
die Designer haben das unbeschwerte
Woodstock-Feeling wiederentdeckt

Den Herstellernachweis finden Sie auf Seite 93

Funkelnde Happy hours
Pailletten als modisches
Highlight: In vielen
Hellblau-Nuancen schim-
mern sie auf dem
engen Rippstrickkleid in
aktueller Knielänge.
Super Kontrast
zum Edel-Look: Jeans-
jacke drüber!
Viskosekleid: Komo, um
210 Mark. Für ihn:
Hemd von Belfe & Belfe;
Hose: Brunch

Disfruta del sol
y luce tu cabello

Pronto empecé a buscar
la manera de ganarme
un dinerito porque en casa
no había recursos
y era importante aportar
para comprar cosas básicas,
como ropa o artículos de aseo
y de limpieza.

«En las profundidades del invierno finalmente
aprendí que en mi interior habitaba un verano
invencible».

ALBERT CAMUS

«O haces una carrera o no eres nadie». Crecí escuchando
esta frase. Y desde siempre, por humilde que fuera mi familia, por difícil que fuera reunir dinero en casa, tuve claro que
había que ir a la universidad. Cualquier familia, fuera del
estrato social que fuera, sabía que la mejor herencia que podía dejar a sus hijos era la educación y se esmeraba en que
todos estudiasen.

En los años ochenta y noventa la educación en Venezuela
era todo un ejemplo. Se cuidaba muchísimo la formación y
acceder a la universidad no era un lujo: a finales de los cin-
cuenta se estableció la gratuidad de la enseñanza en las uni-

versidades nacionales públicas y esto hizo que el número de alumnos se multiplicase de manera exponencial.

La bonanza económica hasta la llegada de Chávez requería de licenciados universitarios: quien más, quien menos salía de la facultad y encontraba empleo en la industria petrolera, tanto en nuestro país como en el extranjero. Era muy habitual que a los ingenieros venezolanos se los rifaran en las petroleras estadounidenses y se fueran cobrando unos sueldos muy buenos. También en Canadá: allí, por ejemplo, se fue mi prima Taryn, ya que su marido había fichado por una petrolera canadiense.

Derecho, Medicina o ingenierías eran algunas de las carreras en las que solía matricularse la gente de mi edad para garantizarse un buen trabajo. Mis opciones eran, por este orden, Biología, Medicina o Psicología. En la Prueba de Aptitud Académica —en la que no solo evaluaban tus conocimientos, sino también tus capacidades analíticas— había sacado muy buenas notas, pero no alcanzaban para matricularme en Biología, así que empecé Medicina.

A veces me pregunto cómo podía concentrarme para estudiar en una casa en la que convivíamos hasta catorce personas… ¡y no precisamente silenciosas! Lo cierto es que siempre he tenido una habilidad muy grande: leía y me quedaba con las ideas fácilmente. No necesitaba pasar mucho tiempo sentada delante de los libros y memorizando: mi método de estudio era hacer resúmenes. Cuando escribía los puntos importantes de cada lección, no solo los estaba memorizando, sino que también estaba activando la memoria fotográfica. Así, cuando se me olvidaba algo de una materia, me imaginaba que lo estaba escribiendo y aparecía la idea como si fuera una imagen.

Empecé lo que en Venezuela llaman los Estudios Generales, que es una especie de curso de acceso a la universidad en el que estudias asignaturas de diversas materias: si eliges una carrera de ciencias, las materias científicas se tratan más en profundidad, pero también tienes asignaturas que no son tan concretas de la carrera elegida. De esta manera te vas acostumbrando a la forma de estudiar en la universidad y trabajas tu independencia. Una vez terminas esos Estudios Generales, pasas a tu facultad para iniciar la carrera.

Yo concluí esa fase de acceso y llegué a cursar un año de Medicina. Fue complicado. En Venezuela se empezaban a vivir momentos convulsos porque Hugo Chávez ya había intentado su primer golpe de Estado y la agitación política se estaba trasladando al día a día de la sociedad, con especial repercusión en la universidad. Había manifestaciones cada dos por tres, casi a diario encontrabas clases vacías porque los profesores no acudían a las aulas… y lo cierto es que estudiar se volvía difícil.

A esto se unió que ya había empezado a trabajar. En la universidad pública te pagaban prácticamente todo: apenas tenía que hacerme cargo del transporte y, como la Universidad del Zulia no estaba lejos de casa de mi abuela, tan solo tenía que coger un autobús y llegaba a la facultad. Aun así, pronto empecé a buscar la manera de ganarme un dinerito porque en casa no había recursos y era importante aportar para comprar cosas básicas, como ropa o artículos de aseo y de limpieza.

Una amiga me habló de una agencia en la que podían darme trabajos de azafata, así que allí me fui.

—Buenos días, me llamo Fabiola Martínez Benavides y quiero trabajar de azafata.

En aquel momento no era consciente de que esta frase cambiaría mi vida. Mis primeros trabajos como azafata de congresos o promotora darían la vuelta radicalmente a mi futuro: de la bata blanca a la banda de Miss Zulia.

Yo tenía dieciséis o diecisiete años cuando empecé en esto. Recuerdo con mucho cariño uno de mis primeros trabajos… ¡porque me pareció divertidísimo! Era para Marlboro, cuando publicitar cigarrillos todavía estaba bien visto. Se celebraban carreras de coches en el autódromo y a las azafatas nos ponían uniformes superbonitos para promocionar la marca de tabaco. Llevábamos unos monos preciosos, muy parecidos a los de los pilotos, customizados por Marlboro. ¡Aquello me encantó! Claro, nunca había estado en un sitio así, con los coches, la actividad frenética, la gente superbién vestida, divirtiéndose, pasándola genial… Además, éramos muchas azafatas y había muy buen ambiente entre nosotras. Aquello, más que trabajar, era como si quedásemos entre amigas para hacer un plan… ¡solo que nos pagaban!

Ahora que lo pienso, en las promociones siempre nos contrataban marcas de cigarros, cerveza y otras bebidas alcohólicas…, pero en los trabajos como azafatas de congresos ya todo era mucho más formal: nos ponían traje de falda y chaqueta, con su blusa y su pañuelito, los zapatos de salón, y nos convertíamos en auténticas señoritas muy arregladas y elegantes.

Recuerdo que en uno de esos congresos en el hotel Maruma de Maracaibo, un lugar superlujoso con el que nunca habría soñado ni siquiera en pisar, un señor muy bien vestido se dirigió a mí.

—Buenos días, caballero, ¿cómo le puedo ayudar?

—Buenos días, señorita. En realidad, no soy asistente al congreso. Estoy buscando a la futura Miss Venezuela… y creo que usted tendría posibilidades. Le dejo mi tarjeta.

Mi primera reacción no fue tanto de sorpresa como de desconfianza. Desde muy pequeña he tenido que aprender a sobrevivir y a cuidar de mí misma, así que ver acercarse a un hombre desconocido y que me ofreciera ser Miss Venezuela de buenas a primeras me pareció un poco sospechoso.

—Muchas gracias, caballero. —Cogí la tarjeta con toda la cordialidad que se le suponía a una buena azafata de congresos y la guardé sin prestarle demasiada atención.

Nunca me planteé marcar aquel número. De hecho, ni siquiera recuerdo cómo se llamaba ese señor: ese fue el caso que le hice.

Pero cuando algo es para ti, toca a tu puerta una y otra vez hasta que te decides a abrir. En mi caso, solo fue necesaria una ocasión más.

Al poco tiempo del ofrecimiento en el hotel Maruma de aquel *scouter*, una amiga me presentó a otra persona que volvió a hablarme de Miss Venezuela. Era la dueña de una agencia de modelos y ella misma había ganado el certamen. La película ya sonaba algo menos extraña.

—Fabiola, ¿te gustaría participar en Miss Venezuela?

—Bueno…, ¡podría ser!

Esa fue la primera vez de muchas primeras veces. Por ejemplo, mi primer *casting*. Y también mi primer viaje en

Cuando algo es para ti,
toca a tu puerta una y otra
vez hasta que te decides
a abrir.

avión: cuando enviaron mi *book* a la organización de Miss Venezuela, Osmel Sousa, el «padre» del certamen, dijo que quería conocerme, así que había que volar a Caracas para organizarlo todo. Recuerdo que el día que llegué al aeropuerto con Claudia Fazzini Adrianza, la dueña de la agencia que me había propuesto inscribirme en Miss Venezuela, me sentí un poco como Cenicienta de la mano de su hada madrina. Subir en el avión me pareció una fantasía. Lo miraba todo como cuando era niña y viajaba en el coche con mis padres y mi hermano, intentando hacer una fotografía mental de cada detalle para no olvidarlo nunca. Bueno, y también para adaptarme a entornos nuevos en los que no sabía cómo desenvolverme. «Donde fueres, haz lo que vieres», dice el refrán, así que mi estrategia para integrarme fue observar y copiar. ¿Que la gente se ponía el cinturón? Yo miraba cómo lo cogían y trataba de hacer lo mismo para que nadie se diera cuenta de que no me había abrochado un cinturón de seguridad de un avión en toda mi vida. Porque iba, como decimos allá, de *montuna* total, que viene a ser lo que en España llaman cateta o pueblerina.

Imaginad cómo se me quedó la cara cuando, tras recorrer las calles de Caracas en un taxi, llegamos a La Quinta Miss Venezuela. Aquella mansión rosa era entonces para mí lo más parecido a un palacio. La veía y sentía que estaba ante un castillo de princesas, como los de los cuentos de hadas. Ahora que lo pienso, ¡era una casa bastante hortera!

En lo que sí se parecía a los castillos de princesas era en que, una vez que entrabas, te custodiaban como si estuvieras en una torre separada del mundo por un inmenso foso. De entrada, La Quinta Miss Venezuela estaba en una zona residencial, apartada de todo. En Caracas había —y sigue habiendo— grandes diferencias entre los vecindarios ricos, una especie de mundo aparte donde vive la gente de dinero, y el resto de la ciudad: nosotras, mientras estábamos en el certamen, pertenecíamos al primero. Apenas teníamos contacto con nada excepto con la organización, no solo porque estábamos alejadas de la vida de Caracas, sino también porque no nos dejaban movernos solas, especialmente a las que habíamos llegado de fuera. Siempre teníamos una *chaperona*, una especie de institutriz-guardaespaldas que nos custodiaba y se ocupaba de que no saliéramos del circuito de actividades que teníamos programadas. ¿Que teníamos que ir al gimnasio? La chaperona nos acompañaba y nos esperaba fuera para recogernos y llevarnos de vuelta a la quinta. Y así todo.

La chaperona de mi grupo se llamaba Margarita. Era, como el resto de sus compañeras, una mujer fornida, en absoluto refinada, que imponía con su presencia y tenía un carácter muy recio. Lógico, si se trataba de transmitir autoridad. Siempre nos regañaba por todo y nos tenía bien atadas en corto…, ¡hasta el punto de entrar en nuestras habitaciones para vigilarnos! Esto sucedió en un viaje que hicimos a República Dominicana para hacer una sesión con ropa de baño. En su misión de controlarnos, Margarita iba pasando de cuarto en cuarto, supervisando que incluso en nuestro tiempo libre —que no era mucho, por cierto— no aprovechásemos para irnos de fiesta ni nada parecido.

De algún modo, participar en Miss Venezuela era como estar en un internado de donde salías con unos estudios y una preparación muy exquisita. Nos formaban en pasarela, fotopose, protocolo, dicción, maquillaje, peluquería… y algo que ahora está muy de moda: habilidades de liderazgo y comunicación. Aquel curso que recibimos de Dale Carnegie, firma líder en el desarrollo directivo, fue de los aprendizajes más maravillosos que pude llevarme de Miss Venezuela.

Las clases de proyección y carisma, que es como se conoce en el certamen esta formación, nos conectaban con el mundo exterior: hacíamos ese curso con los ejecutivos y los directivos que también se habían inscrito y eso nos permitía tener contacto con un mundo tan distinto al de la belleza como es el de los negocios. Uno de los ejercicios consistía en leer una noticia e interpretarla, para luego explicarla y desarrollarla dando una conferencia en público. Para lograrlo, te enseñaban técnicas de meditación o *mindfulness* que te permitieran mantener la calma y reducir los nervios. Y, por supuesto, te enseñaban a vocalizar, a proyectar la voz y a modularla, además de darte herramientas de comunicación no verbal para transmitir mensajes no solo con la palabra, sino con tu cuerpo, tu actitud, tu mirada.

La formación en protocolo también me ha servido muchísimo a lo largo de mi vida y me ha permitido desenvolverme con soltura en entornos completamente distintos al mío. Para mí, aprender a usar tantos cubiertos fue un auténtico momento *Pretty Woman*: no es que viniera asalvajada de Maracaibo, pero en mi casa había lo justo para comer y la hora del almuerzo no era una reunión familiar, sino pura supervivencia: llegabas del colegio, te ibas a la cocina, cogías un plato y una cuchara, te servías de lo que hubiera en la olla y te sentabas a comer deprisa para lavar enseguida el plato porque de inmediato venía tu hermano, tus primos o tus tíos para ocupar el sitio y utilizar el cubierto y el plato que habías dejado.

Miss Venezuela no tiene nada que ver con los certámenes de belleza que se conocen aquí, en España. Allí se prepara a las misses como si estudiasen una carrera universitaria. Por supuesto que se buscan chicas guapas, pero no necesariamente perfectas: se intenta ver más allá del físico y potenciar el talento y las posibilidades de las participantes. Aunque luego las retoquen…, que las retocan. Y no hay que ir más lejos de mí para encontrar el ejemplo.

Como decía, se busca una mujer bella, pero también a una persona con capacidad y con valores, con dotes de liderazgo y gran talento comunicativo, porque la idea es que sea embajadora de Venezuela y que potencie la imagen del país allá donde vaya. Esto abre todo un universo de posibilidades a chicas que, por su origen humilde, jamás las habrían tenido de no haber participado en el concurso. Ser Miss Venezuela era como tener un cargo diplomático: tu título te permitía conocer mundo, representar a tu país en viajes a otros lugares donde participar en conferencias y congresos internacionales. Y esa vertiente diplomática ha conquistado a algunas misses que, pasados los años, han llegado a hacer carrera política, como Irene Sáez: fue Miss Venezuela y Miss Universo en 1981 y, una década después, cursó Estudios Políticos y Administrativos y dio el salto a la política hasta alcanzar la alcaldía de Chacao —donde había nacido—, llegar a ser gobernadora de Nueva Esparta y disputar las elecciones presidenciales de 1998 al propio Hugo Chávez.

En mi año, 1993, fue Minorka Mercado la que se alzó con la corona. Era deportista profesional, estaba en el equipo nacional de voleibol. Os podéis imaginar su físico: muy alta —tiene el récord de haber sido la Miss Venezuela más alta de

Ser Miss Venezuela era como tener un cargo diplomático: tu título te permitía conocer mundo, representar a tu país en viajes a otros lugares donde participar en conferencias y congresos internacionales.

la historia, con un metro y ochenta y cinco centímetros de estatura—, muy delgada, pero también musculada. Y una forma de moverse que resultaba algo alejada de lo que se espera de una miss sobre la pasarela. ¡Nunca se había puesto unos tacones antes de llegar al certamen! En el concurso vieron su potencial y la pulieron y eso le permitió desarrollar una carrera como modelo.

Se suele decir que entre las misses hay un ambiente insano, de mucha competitividad e incluso zancadillas. Yo no lo viví así. Recuerdo que en nuestro año había buen ambiente. O quizá en mi caso primó eso porque no llegué con ninguna expectativa de ganar. No me consideraba rival de nadie ni veía en el resto de las chicas a adversarias con las que batallar. Eso hizo que me llevase bien con casi todas, incluso me decían:

—¡Pero, *mija*, Fabiola, eres una caída de la mata!

Esa expresión, «caída de la mata», es la que usamos en Venezuela para referirnos a una persona que está como desubicada, que es como el mango maduro, que cae de la planta y se estropea. Bueno, pues así estaba yo. Hasta el punto de que, pasados los años, nos hemos reencontrado un grupo de misses de aquel año y contaron unas historias de cómo vivieron el certamen que para mí pasaron completamente inadvertidas.

De entre todas las chicas de Miss Venezuela 1993 sigo manteniendo muy buena relación con Kalena Díaz, que representaba al Estado Portuguesa y llegó a ser Primera Finalista y Miss Simpatía. También me he visto algunas veces con Igoa Azpurúa, que se vino a vivir al País Vasco con su familia.

Cuando nos hemos reunido, pasado el tiempo, miro hacia atrás y pienso cómo habría sido mi vida si no hubiera dejado de estudiar Medicina. No es que me arrepienta de ninguna decisión, pero sí es cierto que me presenté a Miss Venezuela sin ninguna expectativa de ser modelo. Mi único pensamiento era: «¿Qué me está diciendo la vida cuando me pone por delante esta oportunidad?». Y en todo momento tuve la intención de volver a mis estudios cuando acabase el año del certamen. Cosa que no sucedió.

Para mi familia, aquel año fue como si realmente hubiera terminado la carrera. Estar en Miss Venezuela era algo bien importante y mis padres, mi abuela, mis tíos…, todos estaban superorgullosos de verme participar en el certamen.

En Venezuela este concurso de belleza paraliza el país. Literalmente. Todo el mundo conecta la tele para ver la gala y las misses son verdaderos personajes, iconos más allá de la belleza que se convierten en ejemplos para las niñas. Incluso hay pequeñas que empiezan a prepararse para entrar en el certamen mucho antes de alcanzar la mayoría de edad, que es el requisito principal para participar.

En cierto modo romantizamos esa oportunidad. Pero es que se viven escenas que son de auténtica película. Yo recuerdo, por ejemplo, el día que me dijeron que me iba a vestir Ángel Sánchez, que es uno de los diseñadores más valorados en Venezuela, con *boutique* en Nueva York, y que ha vestido a *celebrities* como Meryl Streep, Sandra Bullock o Eva Longoria, además de estrellas actuales como Taylor Swift. Me hizo un vestido mostaza espectacular… ¡y además se dio la circunstancia de que el amarillo es mi color favorito! Tenía un corte palabra de honor, muy entallado en la cintura y con una caída preciosa, de *chiffon*. En la parte del pecho llevaba algo así como una rejilla de cintas trenzadas con adorno y plata… ¡Una verdadera belleza! Me hicieron varias pruebas para dejarlo todo perfecto de cara a la gala. Y justo cuando llegamos a la prueba definitiva, unos tres días antes de la final…, ¿qué creerás que pasó? Con el estrés, los ensayos, las idas y venidas…, había adelgazado un montón. ¡El vestido me quedaba enorme! Así que me lo tuvieron que entallar aún más.

Cuando veo el vídeo de la gala, me sigo sorprendiendo de mi propia imagen. ¡Era un palo! Parecía una auténtica muñequita, con esa manera de moverme tan delicada…, y un poco cursi para lo que estamos acostumbrados hoy, pero claro, ¡ten en cuenta que eran los noventa!

Me dio muchísima pena que no me regalasen aquel vestido. Fue uno de mis «grandes» disgustos porque realmente me encantaba. Y pensaba: «¿Pero por qué no me lo puedo quedar? ¡Si lo han hecho para mí, especialmente para mi cuerpo! ¡No le va a servir a nadie más!». Me habría encantado tenerlo de recuerdo…, pero, bueno, lo guardo en mi mente.

Esos buenos momentos, esas sensaciones casi mágicas, ganan a las ocasiones más feas, que también las hubo. Porque tratar con aquel mundo, por mucho que yo fuera «una caída de la mata», no resultaba sencillo. Había mucha rivalidad, no tanto entre nosotras, sino dentro de la propia organización. Por ejemplo, los maquilladores tenían sus propias quinielas: apostaban por sus misses ganadoras y, si caías en manos de uno que tenía otra favorita, te decía: «¡Ay, no sabes lo que me cuesta ponerte guapa! ¡No hay quien te maquille!».

Yo eso nunca lo entendí. Y también hizo que me concentrase simplemente en hacer lo que me decían sin pensar nunca en ganar ni en destacar. ¿Ahora toca bailar? Pues a bailar. ¿Ahora toca desfilar? Pues a desfilar. Pero sin pensar «esta es mi oportunidad, voy a brillar». No. Para nada. La mía era una actitud aprendida, como en piloto automático.

Mi etapa en Miss Venezuela también fue una escuela en lo sentimental, porque durante ese tiempo viví la primera relación de pareja que puso a prueba mis dotes de supervivencia.

Como contaba anteriormente, empecé a trabajar precisamente para ayudar a mi familia y una de las cosas que me preocupaban cuando entré en Miss Venezuela era cómo iba a contribuir económicamente en casa durante todo un año si no tenía los ingresos de aquellos pequeños empleos como azafata. La respuesta estaba en el propio certamen: me ofrecieron la representación del Estado de Zulia —al que pertenece mi ciudad, Maracaibo— y ellos se encargaban de los gastos de manutención. Las comidas las hacíamos en la quinta; la ropa la cedían las marcas; el maquillaje y la peluquería la organización y las clases las pagaba el concurso. Solo tenía que encargarme de tener un sitio en el que dormir y ayudaba en casa con los trabajos que me salían como modelo.

«Yo no tengo dinero» fue de las primeras frases que les dije. Desde el principio. Y lo dejé clarísimo cuando, nada más plantearme entrar en Miss Venezuela, me dijeron que, si quería participar, tenía que operarme la nariz. Es verdad que tenía la nariz superancha y casi me pareció natural que quisieran hacerme aquel pequeño retoque. El único inconveniente era que…

—No me puedo operar porque no tengo dinero.

—No te preocupes. Nosotros nos ocupamos.

Y así fue. Miss Venezuela se hizo cargo de mi operación de nariz.

La única condición que ponía en la organización respecto a la manutención era que tuvieras un lugar donde vivir en Caracas. Esto también fue posible gracias a mi trabajo como azafata de congresos: ahí conocí a un chico que era ingeniero informático y vivía en la capital; con él comencé una relación de novios.

—¿Por qué no te vienes conmigo a casa de mis padres? Puedes quedarte hasta que acabe el concurso.

Y así lo hice. Luego tuve la suerte de que en la misma urbanización vivía otra de las misses de aquel año: como tenía coche, me ponía de acuerdo con ella, me recogía y nos íbamos juntas a La Quinta todos los días.

Lo cierto es que apenas pisaba la casa de mi novio porque la preparación de Miss Venezuela era un trabajo a tiempo completo que me llevaba todo el día. Y menos mal porque lo mío con aquel chico era el perfecto ejemplo de relación tóxica. Era un machista de libro.

Siempre ha habido marcas emblemáticas con las que nos moríamos por trabajar todas las chicas que estábamos en el mundo del modelaje. Una de ellas era cigarrillos Belmont. Un buen día, se me presentó la oportunidad de hacer un *casting* para una nueva campaña de publicidad de esta firma. Loca de contenta, le di la noticia a mi novio.

—¿Te lo puedes creer? ¡He conseguido un *casting* para Belmont?

Nunca olvidaré la cara que puso. No hacía falta que dijese nada porque el discurso de su mirada era de lo más elocuente. Me miró de arriba abajo, con los ojos llenos no sé si de rabia o celos, y acto seguido la furia salió a borbotones por su boca.

—No sé para qué vas a ir. Tú nunca serás una chica Belmont. No tienes culo, no tienes tetas… Vas a perder el tiempo.

Su obsesión era manejarme. Le gustaba mostrar que yo era de su propiedad. Por ejemplo, si íbamos caminando de la mano y entrábamos en algún lugar, él pasaba delante y marcaba el territorio para que yo fuese detrás de él. Si alguien me estaba mirando y yo me fijaba, de manera natural, él me decía que andaba provocando. Discutíamos a cada rato: si la pelea era en el coche, él pegaba acelerones superbruscos para asustarme y yo respondía abriendo la puerta como si me fuese a tirar. Era mi manera de defenderme, aunque ahora, desde la distancia y la madurez, pienso que no solo él era un loco, sino que yo también tenía mi ración a cuestas.

Lo había aprendido en mi propia casa. Los abusos que sufrí y el abandono emocional de mis padres han sido clave a

Los abusos que sufrí y el abandono emocional de mis padres han sido clave a la hora de relacionarme con los hombres. Como lo que conocía no era sano, buscaba lo tóxico. Lo extremo.

la hora de relacionarme con los hombres. Como lo que conocía no era sano, buscaba lo tóxico. Lo extremo.

Nuestra relación era tan venenosa que llegué a amenazarlo con un cuchillo en una de las discusiones. Ni siquiera puedo recordar qué fue lo que la provocó. Seguramente era una tontería, algo sin importancia que se había ido agrandando por la manera en que teníamos de chocar y buscarnos las vueltas. Estábamos en la cocina y él empezó a empujarme, tratando de acorralarme para que cediera. Perdí el equilibrio y choqué con la encimera. Y de pronto justo detrás, vi que tenía el taco de los cuchillos, así que, en mi desesperación, agarré uno.

—¡Déjame! ¡Si sigues, te mato!

Me cogió el brazo para intentar quitarme el cuchillo. Y entonces supe que, si cedía ahí, habría perdido la batalla y me dominaría para siempre. Reaccioné con toda la dureza de la que fui capaz.

—Párteme el brazo si quieres, porque va a ser la única manera de que me quites el cuchillo.

Al verse vencido, se tiró en el suelo.

—¡Locaaa! ¡Estás locaaa!

Por suerte, todo terminó ahí. Porque, ahora que lo pienso, por mucho que yo le plantase cara, un tipo como él, alto y fuerte, me habría dejado planchada en el suelo si hubiera querido.

Nuestra relación fue a peor cuando acabó Miss Venezuela. Mientras duró el certamen, yo apenas pisaba su casa porque teníamos el día repleto de formaciones y actividades. Pero después me encontré con un montón de tiempo libre que él quiso dominar a su antojo.

Me marché de su casa, pero él no se quiso marchar de mi vida. Se enteró de dónde vivía y qué rutinas seguía, y un buen día, cuando un fotógrafo me estaba dejando en casa, se me paró el corazón al escuchar un golpe de nudillos en la ventanilla del coche.

Era él.

Se me puso un nudo en el estómago. Me temí lo peor.

—Quédate en el coche y dame cinco minutos para entrar en la portería —le dije al fotógrafo—. Si ves que en ese tiempo no me he deshecho de él, llamas a la policía.

Hice acopio de toda mi sangre fría y me bajé del coche. Él me seguía, desafiante. Podía notar su aliento en mi cuello. No me giré. Solo quería llegar al portal y sentirme a salvo. Abrí la reja, crucé el umbral y volví a cerrar tan rápido como pude. Era vital que él se quedase al otro lado. Entonces, cuando vio que ya no podía hacerme nada, comenzó a insultarme. Voy a omitir las palabras exactas, pero te puedes imaginar que escogió lo peor del diccionario para revolcarse en el odio. Lleno de ira, agarró el reloj que llevaba en la muñeca, que yo le había regalado con parte del dinero que había ganado en Miss Venezuela, y lo estrelló contra la reja.

Ahí se paró el tiempo para los dos. Por suerte.

En Miss Venezuela no gané ningún título, pero me hice campeona en supervivencia. En todos los sentidos. También entre mis compañeras. De algún modo, me planteé: «¿Cómo voy a sobrevivir aquí sin ser la favorita?». La respuesta era sencilla: haciendo lo que me tocaba. Y obviamente no gané en nada…, cosa que agradezco, porque ya entonces pensaba que, si hubiera tenido que desarrollar la carrera de las ganadoras, no habría hecho un buen papel. Aquel no era mi entorno, no me sentía realizada ni lo disfrutaba. Simplemente fue una experiencia más en la que aprendí todo lo que tenía que aprender. Una oportunidad que me dio la vida para desenvolverme profesionalmente y conocer lugares y a personas que jamás habría conocido de no haber participado.

La oportunidad de vivir la vida que hoy tengo tras aprender a navegar océanos en mitad de tempestades.

EL AZOTE DEL VIENTO

*Sobrevivir entre lobos
con piel de cordero*

> «No hay árbol recio ni consistente sino aquel
> que el viento azota con frecuencia».
>
> SÉNECA

Salir de La Quinta de Miss Venezuela fue, de algún modo, como encontrarme con una tempestad a la que había de enfrentarme en soledad, con el único parapeto de todo lo que había ido aprendiendo durante aquellos meses, que se había sumado a mi instinto de supervivencia, diríamos, natural.

En el concurso me sentía protegida, como en un mundo aparte en el que te cuidaban, te enseñaban, potenciaban lo mejor de ti y solo tenías que preocuparte de desarrollar tus talentos y aprender. Sin embargo, una vez que terminó la última gala y abandoné aquella casa rosada con mi maleta a cuestas, se desvaneció aquella sensación de seguridad.

El certamen era una experiencia que la vida había puesto en mi camino y que, como tal, tenía que aprovechar: extraerle todo el jugo para nutrirme y crecer. Ya he contado que en ningún momento quise ganar, ni que la belleza y el modelaje se convirtieran en mi camino profesional. Mi idea era seguir estudiando Medicina una vez finalizado el año de compromisos con Miss Venezuela, pero lo cierto es que no supe cómo.

Retomar los estudios después de tanto tiempo sin coger los libros era arduo, y volver a trabajar como azafata después de haber sido Miss Zulia no parecía demasiado viable: el perfil que buscan las agencias no es precisamente el de una chica que ha participado en un certamen de belleza que ve todo el país por la tele. Es lógico: la popularidad de una azafata no puede restar protagonismo al producto que está promocionando o al evento en el que desarrolla su labor.

Tuve la sensación de haber perdido un año de mi vida. Llegué a pensar que todo aquello que había aprendido en La Quinta Miss Venezuela, todas las clases, toda la formación, todas aquellas vivencias habían sido un juego que me había distraído de la realidad, un juego en el que sabía de antemano que no iba a ganar la partida. Y lo peor es que no tenía ni idea de cómo manejar las cartas que quedaban en la mesa. Ni siquiera si quedaba alguna baraja por estrenar.

Estaba en plena crisis, enfadada conmigo misma y perdida ante un futuro que veía como congelado, cuando una llamada lo cambió todo.

—¿Fabiola? Soy Mariela Centeno. Me gustaría mucho que trabajases con nuestra agencia.

Nunca había estado demasiado interesada en el mundo del modelaje, pero, tras pasar por Miss Venezuela, era imposible no saber quién era aquella mujer. Si entras en su perfil de Instagram, verás que Mariela se describe como «hada madrina de muchas figuras de televisión, cine y reinas de la belleza» durante más de cuatro décadas y, en efecto, así se la considera en el sector. Comenzó a trabajar en los años ochenta con una agencia llamada Mariela New Style y se convirtió en la principal cazatalentos para Miss Venezuela, otros certámenes internacionales de belleza y los mejores trabajos de publicidad. De hecho, dos años después de que yo fuera Miss Zulia, Alicia Machado, que fue un descubrimiento de Mariela, se coronó como Miss Universo.

—Mariela, me encantaría…, pero no tengo forma de mantenerme en Caracas. No tengo familia allí ni puedo encontrar un alojamiento.

—Bueno, tú vente. Te quedas en mi casa, empiezas a trabajar y luego ya veremos.

No me lo pensé. Estaba tan agobiada al no poder retomar mi vida anterior al certamen que la propuesta de Mariela sonó a música celestial.

Lo primero que tienes que hacer cuando empiezas a trabajar como modelo es tener un *book* de fotos profesional. Y al preparar el mío me llegó una nueva oportunidad destinada a marcar mi trayectoria tanto laboral como personal.

Al poco tiempo de volver a Caracas, me hice las fotos para el *book*. La sesión fue muy bien; el fotógrafo vio potencial en mí.

—Eres muy guapa —me dijo—. Quizá te llame para hacer algún catálogo.

Y así fue. Aquel fotógrafo empezó a pasarme trabajos: cuando le encargaban una producción, me proponía como modelo, y de esta manera yo evitaba pasar por la fase tan tediosa de los *castings*, en los que tienes que competir con un montón de compañeras.

Entre él y yo surgió la chispa y comenzamos una relación sentimental. Y esa relación fue la que me trajo a Europa. De madre española y padre venezolano, él se había criado en Venezuela, pero se había instalado profesionalmente en España. Desde aquí viajaba con frecuencia a Caracas para trabajar y, de paso, ver a su familia, pero las grandes oportunidades laborales estaban en Miami —donde aprovechaba para ir cuando organizaba los viajes a Venezuela— y en Europa, así que enseguida me propuso que me fuera con él a vivir a Madrid.

De nuevo, no lo dudé. Seguí a mi instinto, que siempre me lleva a aprovechar las oportunidades que me ofrece la vida, cogí la maleta y crucé el charco. No lo hice solo por un futuro como modelo: la relación había llegado a un punto en el que, o me mudaba con él, o no resultaría fácil mantenernos unidos con un océano de por medio.

Honestamente, no tenía muchas expectativas. Pero volví a sentir eso que me ha pasado por la cabeza tantas veces cuando un tren llega a mi puerta: ¿por qué no? Cogí lo poco que tenía ahorrado y compré un billete de avión de ida y vuelta, para poder viajar como turista y que me permitiesen entrar en España.

*   *   *

Era el año 1994. En aquella época mi pareja, que, además de fotógrafo, tenía una voz muy bonita, narraba algunos desfiles de una escuela de modelos que había en la Gran Vía de Madrid en la que se formaban las que luego serían maniquíes de referencia en la década de los noventa. Los eventos se organizaban en distintas ciudades de España y eso daba mucha

Seguí a mi instinto, que
siempre me lleva a
aprovechar las oportunidades
que me ofrece la vida,
cogí la maleta y crucé
el charco.

visibilidad a las marcas y también a las modelos. Mi pareja, que siempre me ayudó en todo, habló con la organización.

—Tengo una amiga venezolana, guapísima, que encajaría a la perfección en estos desfiles. ¿Creéis que podríais darle una oportunidad?

—Por supuesto. Tráela y la vemos.

Dicho y hecho: llegué a Madrid, hice una entrevista en aquella escuela y empecé a desfilar. Subí por primera vez a una pasarela española con mujeres que han sido verdaderos referentes en el sector, como Sofía Mazagatos, Elsa Anka, Almudena Fernández...

Sucedió entonces algo muy curioso que se convirtió en un auténtico as en la manga para mí. Inesperado y trascendental. En aquella época Inés Sastre era la gran *top model* española. Ella, Nieves Álvarez y Esther Cañadas eran las modelos con mayor trascendencia internacional, desfilaban para los grandes de la moda en las pasarelas más importantes del mundo y eran imagen de grandes marcas. Pues bien: a mí me empezaron a decir que tenía un aire a Inés Sastre y, como ella era la auténtica referencia en aquellos años, me salieron muchos contratos por estar en sintonía con la imagen dominante de la época.

Es curioso cómo el tiempo va escribiendo su propio guion sin que te des cuenta, hasta que empiezas a atar cabos y ves que nada pasa por casualidad. Que todo en la vida está conectado y no importa si no se consiguen las cosas a la primera, si se necesitan años o incluso alguna que otra década: si crees en ti y trabajas duro, se puede conseguir.

Comento esto porque, recordando mi llegada a España y mis primeros trabajos relevantes como modelo, aún hoy me sorprendo de cómo la fe en mí misma y mi instinto de supervivencia me han sacado siempre adelante.

Un día llegué a la agencia y me sorprendieron con una propuesta espectacular.

—Fabiola, están haciendo un *casting* para una campaña de ron Cacique en Venezuela y creemos que encajas muy bien. ¿Por qué no te presentas?

Era una publicidad preciosa que giraba en torno a la identidad, a las raíces del pueblo venezolano. Se habían concebido diferentes vallas, cada una con una historia propia, que encajaban en el relato general de esa esencia de país que se quería transmitir.

Hice el *casting* y me eligieron para la valla en la que se apostaba por el carácter natural, con cierto punto salvaje, de nuestra tierra. Me caracterizaron como si fuera una indígena, con el pelo muy largo, muy moreno, rizado y algo húmedo. Llevaba una especie de collar que cubría mi busto, realizado con elementos naturales. Era verdaderamente hermoso.

Nunca llegué a ver en persona la valla de aquella campaña, solo pisé Venezuela para que me tomaran las fotos. Pero un día recibí una llamada que me dejó con la boca abierta por las vueltas que da la vida:

—*Mija*, ¿a que no sabes dónde han puesto una valla de Cacique?

—Pues no sé…, ¿en la carretera de La Limpia?

—¡Mucho mejor! ¡Justo frente a la entrada de la urbanización donde vive ese que fue novio tuyo en Caracas!

Me embargó una deliciosa sensación de orgullo. La satisfacción y la alegría me estallaban por dentro. La vida había jugado sus cartas y aquel hombre que trató de hacerme pequeña, que cada día se las arreglaba para intentar minar mi autoconfianza, tenía que verme, racial, triunfadora, todos y cada uno de los días que durase la campaña, al salir de casa y al volver.

Creer en mí misma no era una opción. Lo había descubierto siendo aún una niña y la profesión que había elegido —o que me había elegido a mí, porque lo cierto es que nunca la busqué— se encargaba de recordármelo cada día.

Sabía que, si quería ganarme bien la vida, tenía que aprovechar hasta el último cartucho de aquellos años de juventud, porque, según vas cumpliendo años, las posibilidades cambian mucho y tenía claro que no pertenecía en ese selecto

Todo en la vida está conectado y no importa si no se consiguen las cosas a la primera, si se necesitan años o incluso alguna que otra década: si crees en ti y trabajas duro, se puede conseguir.

grupo de *tops* que se convierten en imprescindibles por los siglos de los siglos y resisten el paso del tiempo hasta convertirse en leyendas. No, ese no era mi caso: yo era una «trabajadora» que debía currárselo y cuidar cada céntimo, para asentar su vida, seguir ayudando a su familia y construir las bases de su futuro.

* * *

Los comienzos, como siempre sucede, no fueron fáciles. Digamos que era un poquito complicado lo de verle el queso a la tostada: cuando salía un trabajo, entre el dinero que necesitaba para mantenerme yo y el que tenía que mandar a casa de mis padres, se esfumaba el sueldo. Así que, rápidamente, supe que tenía que coger las riendas de mi carrera, también en lo económico, y volcar mi instinto de supervivencia en los números.

Llevaba mucho tiempo trabajando para los catálogos de una marca de trajes de baño que se llamaba Van Raalte. Les gustaba mi imagen y me llamaban siempre. Allí, de hecho, conocí a quien hoy es mi mano derecha, mi amigo, mi compañero…, ¡mi persona de confianza!: Raúl.

Pues un día le dije:

—Raúl, yo quiero reunirme con el dueño de Van Raalte: voy a pedirle un aumento porque quiero ganar más dinero.

—¡Pero, cómo! ¡Tú estás loca! Ya sabes que es un señor muy estricto, muy riguroso… No va a ser fácil.

—Tú organízame la reunión y al menos lo intentaré.

Raúl me consiguió el encuentro y, de buenas a primeras, me vi delante de aquel hombre tan serio, tan imponente, negociando un aumento en mis honorarios. No cedía. Tenía los números muy bien hechos y cuidaba de sus finanzas al céntimo, como buen empresario. Así que me lancé al barro.

—Pero ¿qué es para usted esa cantidad? ¿Qué son mil dólares para una empresa como la suya?

Aquel señor se me quedó mirando, muy fijo, muy serio, y respondió con aplomo.

—Lo mismo que para usted.

Me dejó pasmada. Y me enseñó que permanecer fiel a las ideas propias, a los principios, es clave en la vida. Que mi carácter de luchadora y peleona no se había forjado en vano.

Al final logré el aumento. Ya no recuerdo si fueron mil dólares o terminamos negociando algo menos, pero lo cierto es que lo conseguí.

Aquellas cantidades no eran nada para los honorarios que se movían aquí, en España. Cuando llegué a Madrid, empecé a trabajar en campañas importantes y eso me permitió ganarme la vida de verdad. Recuerdo que con el primer sueldo bueno ahorré lo que en Venezuela durante dos o tres años de trabajo. Pasé de ganar 13 000 pesetas por una foto —sí, hablo en pesetas porque en aquellos años todavía no existía el euro— a firmar una campaña internacional para Lexus por más de un millón. Recuerdo aquella sensación de «*Wow!*» al ver que se multiplicaba por diez mi cotización y, por primera vez, llevaba una vida desahogada.

Si estás pensando que me hice rica como modelo, déjame decirte que te equivocas. Trabajé mucho, muy duro, y gané bien, claro que sí; sin embargo, nunca entré en el juego de dejarme manipular por quienes saben que tienes ansias de triunfar y te prometen el cuento de hadas a cambio de que te vendas.

La actitud que de niña me hizo suspender Matemáticas por no dejar que el profesor abusase de mí fue la misma que me protegió, ya de joven, de quienes van por ahí destrozando la vida de tantas chicas con ansias de triunfar y de sentir que de alguna manera están ganando.

El mundo de la moda es complicado. No descubro nada nuevo. Juegan en tu contra la edad, el peso, las arrugas…, ¡todo! Conforme adquieres madurez y seguridad en ti misma, se van esfumando tus posibilidades de triunfar porque el físico —salvo muy raras y muy honrosas excepciones— va en dirección contraria a tu evolución personal. Más aún en la época en la que yo trabajaba, cuando se llevaba un perfil de mujer muy andrógina, excesivamente delgada, que, sin embargo, no podía caer en la masculinidad, pero que, al final, se caracterizaba por ser un auténtico esqueleto. Y solo hay que verme para saber que yo no soy ni he sido nunca ese tipo de mujer.

La manipulación, el engaño y el abuso, las falsas promesas, las vidas destrozadas de quienes quieren triunfar por su físico, cueste lo que cueste, las he vivido de cerca. No porque les sucediera a amigas mías, pues siempre he tratado separar el mundo de la moda del de mis amigos más íntimos. Digamos que nunca consideré que fuera mi universo, sino solo un trabajo al que llegué, como acabo de decir y siempre he dicho, por aprovechar los trenes que pasan delante de mí. Pero he visto esas situaciones con compañeras de piso con las que conviví en Milán, en Miami, en Londres. No en Alemania, donde he de decir que son muy serios y jamás aprecié ningún atisbo de cosas fuera de tono. Pero Milán… Uf, era durísimo.

Milán, París o Nueva York, las grandes capitales de la moda, son también los escenarios donde una chica que quiera triunfar como modelo y no tenga una personalidad fuerte y unos valores claros cae por un precipicio emocional. De París y Nueva York hablo de oídas, por casos que conozco, ya que no tuve ocasión de trabajar allí, pero en Milán he vivi-

La manipulación, el engaño y el abuso, las falsas promesas, las vidas destrozadas de quienes quieren triunfar por su físico, cueste lo que cueste, las he vivido de cerca.

do y trabajado y, como dicen en *Blade Runner*, «he visto cosas que vosotros no creeríais». Y eso a pesar de ir a lo mío y de procurar no estar conectada con el mundillo.

En Milán había niñas cuya carrera se basaba en ir a fiestas cada noche con la vana promesa de que allí iban a encontrar a no sé quién que las iba a contratar para tal o cual marca sin tener que hacer ningún *casting* y pagándoles sumas astronómicas. Esos cantos de sirena las distraían de su carrera y, como se pasaban la noche de fiesta, por el día no trabajaban ni iban a las pruebas, que era donde realmente se conseguían campañas. No sé —bueno, lo imagino— de dónde sacaban el dinero para mantenerse porque aquello no era precisamente un cuento de hadas: la agencia de modelos con la que llegabas a Milán te cobraba hasta el mapa para moverte por la ciudad. Piensa que en aquellos tiempos internet no existía y a Google Maps le quedaban bastantes años para convertirse en un imprescindible de nuestras rutas.

En Miami sucedía lo mismo: te invitaban a fiestas y creías que iban a ser veladas sanas, donde compartir y brindar…, pero no. Se trataba de «fiestas» en las que había tíos a los que adjudicaban chicas para pasar la noche.

Según aparecí en la primera y vi el panorama, supe interpretar qué guion había detrás y me alejé.

—Si te vienes conmigo, te hago un contrato —me dijo uno de los hombres que pululaba por allí en busca de bellas piezas de caza.

Se suponía que tenía una agencia en Nueva York y, según analizaba cada centímetro de mi piel con una mirada repulsiva, que se te quedaba pegada, como un fango espeso y negro del que no te podías limpiar, me decía que iba a darme desfiles, y entonces yo ganaría mucho dinero y me haría famosa y blablablá.

¿Qué chica que está intentando triunfar en el mundo de la moda se resiste a una oferta semejante? Ellos saben perfectamente cómo acercarse a ti, cómo decirte lo que quieres oír, cómo seducirte y que caigas en su red. Yo, sin embargo, lo que veía era un lobo con presunta piel de cordero que intentaba manipularme.

—Muy bien, entonces firmemos el contrato y luego vemos.

Y entonces terminaba el juego de la mal llamada seducción. El cuento de hadas se esfumaba cuando el lobo se percataba de que no tenía delante a una Caperucita asustada, sino a una mujer segura de sí misma, dispuesta a defenderse contra viento y marea.

Una vez más, me convertí en mi lugar seguro para llegar, analizar, ver que no me convenía, protegerme, salir y olvidar cuanto antes para seguir adelante. Borrar de mi mente todo aquello que podía hacerme daño resultaba vital, y eso era algo que había aprendido de niña y que se ha convertido en una de mis grandes fortalezas ya en la vida adulta.

* * *

Pero todo tiene dos caras y la desconfianza, que me ha hecho protegerme, también se ha convertido en una especie de cuchillo que me ha ido hiriendo emocionalmente. Durante muchos años no me he fiado de nadie. Y cuando no confías en las personas que tienes alrededor, terminas viviendo con miedo, siempre en alerta, buscando el momento en el que la persona de enfrente te hará daño. Estás con el hacha levantada a todas horas y eso no es sano.

Vivir a la defensiva es agotador. Tu mente no para de analizarlo todo, de buscar debajo de las piedras a quienes van a hacerte daño. No te relajas ni un momento y eso es terrible.

Lo que me ha equilibrado en todos estos años ha sido alimentar el cariño en mi círculo de amigos más cercano, un núcleo pequeño y firme donde me siento en casa. Ellos me protegen, me cuidan y siempre tratan de ofrecerme otra perspectiva de las cosas que me permite ver más allá de esa desconfianza a la que me condena mi escudo protector.

Vivir a la defensiva es agotador. Tu mente no para de analizarlo todo, de buscar debajo de las piedras a quienes van a hacerte daño. No te relajas ni un momento y eso es terrible.

Hoy sé que el equilibrio es la clave. Hay que hacer el ejercicio de ir un paso más allá y ver no solo lo que tu mente te dice que veas, sino lo que hay en realidad. Consiste en ir con cuidado, claro que sí, pero también en dar una oportunidad a quien tienes delante para conocerlo y que te conozca, sin ponerte la armadura a la primera pensando que todo el que se acerca a ti tiene la intención de herirte. Si cada vez que conoces a alguien te preguntas: «¿Qué quiere de mí? ¿Qué me está ocultando? ¿Cómo me puede traicionar?», no solo estás perdiendo oportunidades maravillosas, sino que, además, te haces daño gratuitamente por intentar evitar que te lo hagan los demás.

Cambiar este chip me ha permitido incluir a personas maravillosas en ese círculo antes excesivamente reducido de amistades. En cambio, me queda la asignatura pendiente de las parejas. Me dejo proteger por los amigos, son una tribu en la que me siento segura y querida; sin embargo, con las parejas me cuesta dar ese paso. Siento que con los amigos no necesito escudo porque me quieren, pero no me necesitan. Y, sin embargo, en una pareja existe una especie de «necesidad» o de apego que es mutuo porque, si no, no tendría sentido mantener esa relación. Y esto aún hoy me cuesta digerirlo.

Como te decía, la precaución y mi instinto de supervivencia me ayudaron a no caer en las trampas constantes del mundo de la moda.

Cuando vi de qué iba todo aquello, rápidamente llamé a mi agencia.

—A mí dame los *castings* a los que no quiera ir nadie. No quiero hacer desfiles de Armani, ni de Gucci, ni de ninguno de esos. Yo lo que quiero es trabajar.

Y así fue. Como me presentaba a las pruebas donde apenas iban chicas porque no eran para campañas con las que fueran a hacerse famosas, me llevaba todo el trabajo. «En el país de los ciegos, el tuerto es el rey», dice el dicho, y yo supe aprovechar, de nuevo, la oportunidad. Preferí ser cabeza de ratón que cola de león.

Y, esta vez, mi decisión me proporcionó el billete de ida para subirme a un tren que ya calentaba motores en la estación de la vida: la maternidad.

SER AGUA

De modelo a madre

«Lo blando es más fuerte que lo duro; el agua es más fuerte que la roca; el amor es más fuerte que la violencia».

HERMANN HESSE

Ser madre era mi camino natural. Siempre lo he pensado. De hecho, he sido madre desde muy chiquitita porque cuidaba de mi hermano pequeño y también de todos mis primos, ya que era la mayor de los nietos de una familia muy grande.

Si rebobino en mi vida hasta mi infancia, puedo verme una y otra vez ayudando a recoger agua para los baños de los niños, preparando sus biberones, dándoles la comida, vistiéndolos, jugando con ellos, echándoles una mano con sus deberes…

Después, cuando me fui haciendo adulta, me convertí un poco en madre de mis amigas, sobre todo de aquellas con las que he compartido piso: que si recoge esto, que si has comido, que si... Total, que muchas veces eran ellas quienes tenían que frenarme: «¡Fabiola, que no somos tus hijas!».

Vivir pendiente de los demás es mi forma de estar en el mundo. Y aunque precisamente esto podría haberme frenado a la hora de querer tener hijos, quizá anhelando una vida más libre y sin responsabilidades, lo cierto es que ha sido todo lo contrario: la maternidad me llamó desde siempre y creo que, de no haber tenido una pareja con la que haber hecho realidad esa vocación, habría apostado por ser madre soltera. No sé cómo lo habría logrado, pero una de las cosas que tengo claras es que no me habría perdido la oportunidad de tener hijos.

Ser madre llegó de la mano de mi segundo matrimonio. O, para ser más exacta, ese segundo matrimonio llegó por mi deseo ferviente de ser madre.

Bertín Osborne, el padre de mis hijos, apareció en mi vida gracias a mi trabajo de modelo. Y gracias también, ahora que lo pienso, a su carrera como cantante. Cuando iba a sacar su segundo disco de rancheras, se organizó un *casting* para rodar el videoclip de uno de los temas. Mi agencia me seleccionó como una de las candidatas, ya que daba el perfil que se requería, y yo acepté.

La maternidad me llamó desde siempre y creo que, de no haber tenido una pareja con la que haber hecho realidad esa vocación, habría apostado por ser madre soltera.

No era la primera vez que actuaba en un videoclip. Ya había trabajado ni más ni menos que con Julio Iglesias y Alejandro Sanz. Con Julio había grabado el de «Agua dulce, agua salá» en 1994. El rodaje fue en la aldea de El Rocío y duró varios días. ¡Aquello parecía la romería, llenísimo de gente que quería saludar y hacerse fotos con él!

Julio, seductor y galante, tenía un trato exquisito conmigo y con el resto de las modelos que habían sido seleccionadas. Nos llamaba «flacas» a todas: «Flaquita para acá, flaquita para allá»… Era muy cercano y cordial. Tanto que hasta fui tan osada de llamarle la atención sobre su manera de vestir. Me chocaba mucho que llevase los zapatos sin calcetines… ¡Me daba un asco horroroso eso de llevar los pies desnudos dentro del calzado! Así que un día, tan natural como la vida misma, le dije:

—Julio, ¿tú no te pones calcetines nunca?

—No necesito calcetines.

—Pues deberías —insistí— porque ahí el pie se te cuece.

Él se giró, me miró con un punto de sorna y condescendencia, y me respondió:

—Flaquita, tú eres un poco cateta, ¿no?

Yo, que aún no manejaba los giros del lenguaje en España, le contesté toda digna:

—Y eso de cateta… ¿qué es?

Y Julio se echó a reír sin explicármelo... Fue una situación muy divertida, aunque tardé tiempo en saber lo que significaba la palabra «cateta».

En cierto modo tenía razón. Yo había vivido mucho, pero al mismo tiempo no había vivido nada. Lo único que había hecho era trabajar y sobrevivir, y el mundo que conocía no tenía nada que ver con el que aparecía ante mis ojos en España. El nivel de vida estaba a años luz del de Venezuela. Es más, fue aquí, en España, cuando me bañé con agua caliente por primera vez. En Venezuela no teníamos. Cierto es que allá hace calor, pero, en cualquier caso, abrir el grifo y que saliera agua ya era todo un lujo en según qué casas.

Con Julio estuve a punto de grabar otro videoclip, esta vez en Miami. Me habían vuelto a seleccionar en el *casting* y tenía una ilusión tremenda porque incluso íbamos a volar en su avión privado para ir al rodaje. Pero no llegamos a realizar ese trabajo: un buen día nos llamaron y nos dijeron que se había suspendido.

Un par de años más tarde llegaría el videoclip de Alejandro Sanz para «Y si fuera ella». Era uno de los temas de su disco *Más*, que hizo historia en la música española al convertirse en el más vendido, con seis millones de copias.

Alejandro entonces era un jovencito un poco tímido, pero muy especial. Recuerdo verlo aparecer en el estudio de grabación… y cómo todas las modelos nos derretimos. Éramos muchas chicas…, ¡pero yo, como cada una, pensaba que esa «ella» no podía referirse a otra más que a mí!

Una de las anécdotas que guardo en la memoria es que nos sacaban del estudio cuando tenían que hacer las tomas de Alejandro cantando. No le gustaba nada que lo vieran, le daba mucho corte.

Y lo más bonito fue que, al terminar el rodaje, recibimos cada una un ramo de flores de su parte, con una tarjeta en la que nos daba las gracias por nuestro trabajo. Más mono…

Con estos antecedentes llegué al videoclip de Bertín. En el *casting* no lo vimos, pero él ya había tenido la ocasión de ver a todas las chicas que nos presentábamos. En cambio, yo tuve que esperar al rodaje en sí para ponerle cara en vivo y en directo por primera vez.

Fue en su finca, en la hacienda San José, cuando llegué junto con el equipo de producción y el resto de las modelos para la grabación. Aquello bien podría haber sido una escena de película de amor o de telenovela: de pronto, entre esa especie de neblina que asciende desde suelo cuando arde la tierra en pleno verano, vi acercarse por el camino, entre las palmeras que lo custodian, a un hombre a caballo, con su sombrero, elegante, decidido. ¡Era como si estuviera viendo al mismísimo John Wayne! Nuestro coche se acercaba cada vez más a la entrada de la casa y Bertín, al mismo tiempo, avanzaba en su corcel, tan galante y apuesto, con esa sonrisa irresistible y llena de buena vibra.

Enseguida me vinieron a la mente los pósteres que había visto en mi casa de Maracaibo con su imagen, y mi mente retrocedió a alguna mañana alegre en la que mi madre y mi tía canturreaban sus canciones más famosas. Para ser honesta, he de confesar que no me sabía ninguno de sus temas; tan solo había uno que me encantaba y me sigue gustando mucho: «Eterna malattia», con el que participó en el Festival de San Remo de 1983:

Eterna melodía que me hace recordar
el roce de tus labios cuando hacemos el amor,
que a mí me ha puesto alas y he volado a donde estás.

No voy a decir que fue un flechazo. Más bien diría que sentimos química. Lo noté cuando nos despedimos en la estación del AVE antes de mi regreso a Madrid. Nos dimos dos besos y un abrazo, y algo me recorrió el cuerpo. Había sido especial, pero me tuve que quedar con ganas de más, entre otras cosas porque yo tenía pareja.

* * *

Como me había sucedido años atrás en Venezuela, en aquel momento estaba viviendo una relación muy tóxica y podría decir que estaba enganchada. Aquel hombre llegó a mi vida, como quien dice, a lo tonto, pero se instaló en ella y la hizo suya hasta extremos que no habría podido imaginar.

Empezamos a salir flirteando. Quedábamos de vez en cuando y lo pasábamos bien. Era una etapa en la que yo disfrutaba de la vida, de mi libertad recién conquistada, de una manera sana y autónoma. No quería compromisos porque acababa de separarme del que había sido mi primer marido —el fotógrafo de aquel primer *book*, con el que me casé civilmente en una de aquellas ocasiones en las que volábamos a Venezuela desde España para hacer algún trabajo— y empezaba a acercarme a esa vida independiente con la que siempre había soñado. De hecho, vivía con unas amigas modelos en un piso de la calle Alcalá donde solo había una norma: no admitíamos chicos.

Entre idas y venidas, como realmente quedábamos solo a ratos, aquel chico me ocultaba una realidad con la que me topé de pronto por una llamada de teléfono que me dejó helada: estaba casado y tenía tres niñas pequeñas. Lo descubrí porque me llamó su propia mujer.

Le conté la verdad: él no me contaba nada de su vida y quedaba con él porque daba por hecho que, si entraba y salía a su antojo, era una persona libre. Pero, por supuesto, no podía quedarme de brazos cruzados. No podía seguir en ese juego porque no encajaba con mis valores. Así que dejé de verlo.

¡Cómo iba a imaginarme que al poco tiempo se presentaría en el portal del piso donde vivía con mis compañeras, con una maleta a cada lado!

—Fabiola, me he ido de casa. Lo que quiero es estar contigo, y si tengo que dejarlo todo, lo dejo.

No sé qué fue lo que me llevó a creer que podríamos empezar una relación sana y sin mentiras con semejantes antecedentes. Supongo que mi propia historia y todas las repercusiones que había tenido en lo emocional marcaban, una vez más, el guion de mi vida sentimental.

El caso es que acepté. De tener una relación sin ataduras, pasamos a ser una pareja que convivía bajo el mismo techo, un piso que habíamos alquilado a medias. Y una vez más asumí responsabilidades que no me correspondían, como hacerme cargo del cuidado de sus hijas los fines de semana que tenían que estar con él.

Eso por sí mismo no era malo. La cuestión era que, en el día a día, empecé a descubrir comportamientos que no encajaban. Notaba que muchas noches llegaba a casa con copas de más. Se iba del piso con cualquier excusa. Todos los fines de semana tenía que trabajar hasta altas horas.

Al principio pensé que estaba viéndose con otra. Creí que se había montado toda una estrategia para ocultarme una infidelidad, así que urdí un plan para presentarme en su despacho y pillarlo in fraganti.

Efectivamente: cuando entré, vi que me ocultaba algo. Estaba muy nervioso, tenía la cabeza empapada, con el pelo chorreando porque se la había mojado como para espabilarse. Pero lo que escondía no era a otra mujer: era una papelina de cocaína.

Se me cayó el mundo encima. Para mí las drogas eran algo de otro mundo: jamás había tenido contacto con ellas. Era una línea que bajo ningún concepto quería traspasar.

Pero me ablandé. Me dijo que llevaba muchos años enganchado, que formaba parte de su vida, pero que buscaría ayuda para dejarlo con tal de no perderme. Le creí. Estuvo unos tres o cuatro meses en rehabilitación con controles semanales. Y un día, de buenas a primeras, volvió a consumir. Mucho.

Me pudo la ira. Le grité. Le dije de todo. Y le di un bofetón.

Entonces se despertó la bestia. Se levantó de un salto, fuera de sí, y me agarró del cuello, apresándome contra una pared.

—¡¡¡Te voy a matar, hija de puta!!! ¡¡¡Me has jodido la vida!!!

No paraba de gritarme, con la mandíbula desencajada y los ojos inyectados en sangre. Ahí supe que la única opción era volverme sumisa. Si no, me mataba.

Bajé la mirada.

—Tienes razón…, tienes razón —acerté a musitar.

Se fue calmando. Lo metí en la cama. Lo arropé. Me eché a su lado. Esperé a que se durmiera. Entonces me levanté con todo el sigilo que pude. Cogí mi mochila, metí cuatro cosas, agarré las llaves de mi piso de soltera, que aún conservaba, y a mi perrita Karol y, en plena madrugada, escapé.

En el taxi de camino al piso de Alcalá no paraba de llorar. El taxista me miraba, preocupado, por el retrovisor.

—¿Está usted bien? ¿La puedo ayudar? —me decía. Y yo no acertaba ni a responder.

Durante mucho tiempo estuve prácticamente encerrada en casa. Solo salía para trabajar y hasta eso me daba miedo. Él conocía a algunas personas de mi trabajo y a veces me mandaba recados con ellas: «Dile a Fabiola que, cuando la vea, la mato».

Era un auténtico loco, pero hasta que no estuve en la boca del lobo no me di cuenta.

Una vez más, mis decisiones habían estado condicionadas por todo lo que llevaba en mi mochila emocional. Por mi historia vital. Cualquier relación medianamente sana que se me pusiera delante iba a pasar inadvertida para mí porque no sabía en qué consistía. Todo a mi alrededor había sido siempre tóxico y dañino.

Incluso me había sucedido muchos años atrás con otra pareja con quien la convivencia era sencilla y amigable, pero que ocultaba una gran mentira: se vestía de mujer cuando yo me iba de casa a trabajar. Me topé de bruces con la realidad una noche que iba a coger un avión para una sesión de fotos; al llegar al aeropuerto habían cancelado el vuelo y tuve que volver a casa. En aquellos años los móviles eran un objeto de lujo, así que no existía la posibilidad de avisar de todo a cada rato. Por eso lo sorprendí: cuando entré en nuestro apartamento, se me cayó el mundo encima al ver un montón de ropa de mujer y productos de maquillaje esparcidos por toda la sala. Lo primero que pensé, de nuevo, fue que estaba presenciando una infidelidad. Lo que no imaginaba es que iba a verlo salir del baño apurado, con restos de máscara de pestañas en los ojos y carmín en la comisura de los labios, y así entender que aquella ropa femenina era suya.

* * *

Cualquier relación
medianamente sana que se me
pusiera delante iba a pasar
inadvertida para mí porque
no sabía en qué consistía.
Todo a mi alrededor había
sido siempre tóxico y dañino.

En fin, que el amor no me había sido muy propicio. Y por eso, cuando apareció Bertín, de primeras me resistí. Tuvo que pasar un año antes de que empezase la historia que lo convirtió en el padre de mis hijos.

Nos reencontramos gracias a una amiga común, Marisa Jara. Un día, hablando con ella, le dije:

—Marisa, me encantaría volver a encontrarme con Bertín. Cuando lo conocí para su videoclip, sentí que había algo y…, bueno, ahí se quedó.

—¡Pues claro! —me respondió—. Déjame que organice una comida.

Confesaré que no fui a la comida: me presenté al café. Pero fue suficiente para que empezase todo. Nos dimos los números de teléfono y comenzamos a hablar… y, después de que Bertín insistiese mucho, nos convertimos en pareja.

Al principio yo era muy reticente. No por Bertín, ni por su personalidad, ni por su historial de relaciones sentimentales. Era sobre todo porque, como decía antes, venía de una relación muy tóxica que me había costado mucho superar y lo que menos me apetecía era volver a atarme. De algún modo rechazaba el concepto de pareja y quería vivir un tiempo de libertad, de ir y venir, de viajar, de reír, de disfrutar sin ataduras. Sí, quería ser libre. Quería ser yo y vivir a mi aire. Y no entraba en mis planes emparejarme.

En Miss Venezuela no gané ningún título, pero me hice campeona en supervivencia. En todos los sentidos...

*Estar en Miss Venezuela
era algo bien importante y mis padres,
mi abuela, mis tíos,
todos estaban superorgullosos de verme
participar en el certamen.*

FABIOLA BENAVIDES

MAROE

VELAZQUEZ, 26 - 1° IZDA. 28001 MADRID. TELS. 435 59 58 - 435 57 80. FAX 577 45 12

En aquel momento
no era consciente de que esta frase
cambiaría mi vida. De que mis
primeros trabajos como azafata
de congresos o promotora darían la
vuelta radicalmente
a mi futuro: de la bata blanca a la
banda de Miss Zulia.

Cuando te vinculas de verdad
a una persona, cuando
emocionalmente sientes que
existe un lazo y que sois uno,
no necesitas que nada avale
esa unión verdadera.

—¿Sabes cuál sería el motivo por el que me casaría contigo? —le dije un día. Él me miró muy atento—: Por ser madre. Porque sí es cierto que me gustaría ser madre dentro de un matrimonio.

Su fragilidad era todo mi mundo. Tan pequeño, apenas unos centímetros envueltos en cables. Su piel tan fina, casi transparente, y al mismo tiempo tan suave.

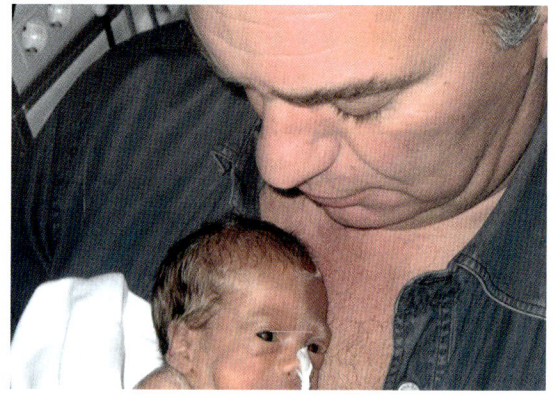

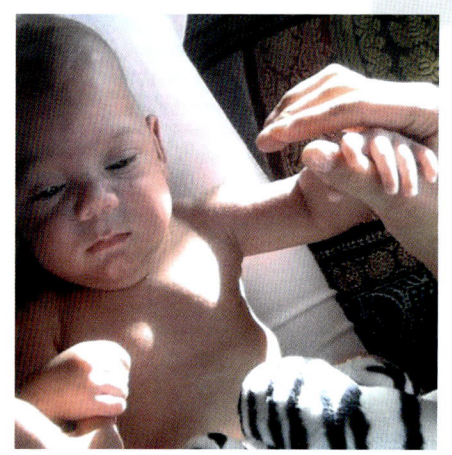

Pero sucedió.

Al principio todo fue sencillo y fácil. Muy agradable. Cero complicaciones. Estuvimos como un año quedando de vez en cuando, pero no teníamos ningún compromiso ni nos considerábamos una pareja como tal. Por eso me sorprendió tanto cuando quiso conocer a mis padres.

—Bertín, vamos a estar unos días sin vernos porque vienen mis padres a verme desde Venezuela y tengo que ocuparme de ellos.

—¡Ah! Pues entonces los llevamos a cenar. —Su respuesta me dejó absolutamente descolocada. No entraba para nada en mis planes formalizar de aquel modo mi relación con él.

—No, no…, para nada. No quiero que esto sea una molestia para ti, yo me ocupo… —intenté disuadirle como buenamente pude, pero no cedía.

—¡Que no, que yo lo organizo!

—Ay, Bertín…, es que a mi madre le va a dar un infarto cuando te vea porque ella siempre ha sido muy fan tuya. —Bertín se partía de la risa.

—No, ya verás: organizamos una cena tranquila y discreta. Lo vamos a pasar bien.

Me convenció. Total, en algún momento tenía que suceder. ¿Por qué no aquel?

Llegó el día en el que recogí a mis padres. Obviamente, tenía que prepararlos para lo que iba a suceder, ponerlos en antecedentes: ni siquiera se podían imaginar que llevaba un año saliendo con alguien después de todo lo que había pasado con mis parejas anteriores.

—Os tengo que contar una cosa. Estoy viendo a una persona.

Me miraron fijamente, como si me fueran a traspasar con los ojos.

—A ver, no es nada serio…, pero, bueno, quiere que vayamos todos juntos a cenar esta noche.

—¡Anda! ¿Y quién es? ¿Cómo se llama? —preguntó mi madre, extrañada.

—Pues prepárate… Pero, a ver, mami, que insisto, no es nada serio… —Vi que le cambiaba el color de la cara y contenía la respiración. Parecía que le iba a dar algo—. Es Bertín Osborne.

Se quedó sin habla. Como una estatua de sal. Y cuando al fin recobró la respiración, parecía una adolescente:

—¡Ay, Dios mío! ¡Bertín! ¡Pero si era mi amor platónico! ¿Quién me iba a decir que lo iba a conocer por ti?

Yo pensé que nos iba a dar la cena con su momento fan, pero la pobre tuvo el efecto contrario: estaba tan cortada que no cruzó una palabra en todo el tiempo.

En realidad, mis padres se sentían un poco fuera de lugar. Más o menos como cuando yo le dije a Julio Iglesias que por qué no llevaba calcetines. Bertín había reservado mesa en un restaurante gallego buenísimo que ponía ensaladas con pescado crudo… y, claro, mis padres no comían nada porque no estaban acostumbrados a esos platos. Iban escogiendo la lechuga, el tomate…, picoteando como buenamente podían y casi todo el tiempo en silencio, timidísimos.

En fin, que acabó la cena, nos montamos en el coche de Bertín para llevar a mis padres a mi casa y, cuando él se bajó para despedirse, a mi madre le salió a borbotones toda la admiración que llevaba dentro. Él se agachó para darle dos besos y mi madre lo cogió por los hombros y le dijo emocionada:

—¡Bertín! ¡Tú no sabes lo que yo te quiero!

Solo le entendimos eso porque luego, con la emoción, empezó a hablar tan deprisa que no había quien comprendiera una palabra de toda la parrafada que soltó.

Finalmente, acabada la escena, me despedí para irme a casa de Bertín.

—Bueno, mañana nos vemos.

Y en esas que vi que mi padre, que hasta entonces había estado callado y que nunca se había metido en nada de mi vida, nos miró muy serio y levantó el dedo índice.

—Mira, te voy a decir una cosa. Ten mucho cuidado. —Me miró muy fijamente. Yo hubiera querido que en aquel momento me tragase la tierra. Pensé que iba a soltar el típico discurso de «ten cuidado, este hombre es un mujeriego, a ver qué vas a hacer», como si yo fuera una niña a pesar de tener ya mis años… No imaginaba que fuese a seguir así—: Se le ve que le gusta mucho correr con el coche.

Desde ese primer momento, mis padres se quedaron encantados con Bertín. Y él con ellos. Mi madre aún lo adora: han compartido muchas vivencias porque ella se quedó en España después del nacimiento de Kike. Con mi padre la relación más intensa empezó más tarde, pero también se tienen un gran cariño… y, de hecho, ambos suelen sacar la cara por Bertín más a menudo que por mí.

Bertín no tenía nada que ver con ningún hombre que hubiera conocido antes. Él era otro mundo. Desde el principio supuso para mí la normalidad, la estabilidad, el hogar. La familia. A él siempre le ha gustado compartir su vida con hijas, sobrinos, nietos, amigos… A su alrededor se vivía esa calidez de hogar que yo nunca había tenido.

Por otro lado, me ayudó mucho a derribar la barrera de desconfianza que arrastraba por mis heridas de infancia. Él es todo lo contrario —quizá a veces en exceso—: un hombre que cree en la bondad de la gente. Cuenta que su madre era

Bertín no tenía nada que ver con ningún hombre que hubiera conocido antes. Él era otro mundo. Desde el principio supuso para mí la normalidad, la estabilidad, el hogar.

así; de modo que él también se deja llevar, se muestra campechano. Siempre me ha dicho: «Fabiola, ¡es que eres muy mal pensada! Le das demasiadas vueltas a las cosas y hay que aprender a no buscarle cinco patas al gato, a no estar siempre intentando ir más allá de lo que ves».

Con él conseguí bajar la guardia en cierto modo, pero siempre cuidándome de caer en el otro extremo y cerrar los ojos ante lo que no me gusta y hacer como que no existe. Cuando prefieres no ver la realidad por no enfrentarte a un problema, no haces sino dejar que crezca y se alimente.

Encontrar este contrapunto me permitió pasar de vivir en la desconfianza absoluta a ser algo más selectiva y dejar que mi instinto me indicase qué tipo de personas hacían que saltaran todas mis alarmas. En ese caso sí que levanto el escudo, la barrera, o me pongo la armadura y lo que haga falta. Pero, de primeras, mi pregunta ante una persona que llega a mi vida ya no es «¿Qué busca en mí?», sino «¿Y por qué no me voy a dar la oportunidad de conocerla?». A partir de ahí analizo comportamientos, actitudes, y veo lo que me gusta y lo que no. Una vez que he hecho un análisis más racional y menos visceral, ya puedo decidir con una madurez mayor si quiero que siga en mi vida o paso página y me voy para otro lado.

Bertín se convirtió en la persona más importante de mi vida. Sentí en él apoyo y cierta protección. Y asumo mi parte de culpa en que nuestra relación no funcionase, porque, sin que él me lo pidiera, yo intenté ser una persona distinta a mi esencia para encajar en lo que creía que él necesitaba.

Pensé que Bertín quería una mujer de su casa, que se ocupase de todo. Y en eso me convertí. Lo viví con amor y no me arrepiento, pero hoy sé que fue a costa de olvidarme de mi crecimiento personal y profesional.

*　*　*

No acepté casarme la primera vez que me lo propuso. Estábamos bien como estábamos y, además, yo —igual que él— ya había estado casada y sabía que un papel no iba a hacer que nuestra relación fuese más estable o mejor en cualquier sentido. Un papel es eso: un papel. Cuando te vinculas de verdad a una persona, cuando emocionalmente sientes que existe un lazo y que sois uno, no necesitas que nada avale esa unión verdadera.

—¿Sabes cuál sería el motivo por el que me casaría contigo? —le dije un día. Él me miró muy atento—: Por ser madre. Porque sí es cierto que me gustaría ser madre dentro de un matrimonio.

Fue muy sincero. Él ya tenía tres hijas de su matrimonio anterior, ya eran mayores…, y no se veía de nuevo asumiendo la responsabilidad: no quería más hijos.

Sin embargo, también supo ser generoso.

—No te puedo pedir que renuncies a la maternidad —me dijo.

Así que nos casamos sabiendo que era un paso más no ya en nuestra relación de pareja, sino en nuestra vida como familia. Nuestra boda se celebró en junio de 2006 y enseguida me quedé embarazada de Kike.

El día que supimos que íbamos a ser padres fue, quizá, uno de los más felices de mi vida. Sé que parece un tópico, un lugar común eso de «el mejor día de mi vida», pero, de verdad, después de tantos años recorriendo un camino en el que todo lo que veía eran piedras, en el que sentía que llegarían obstáculos de mayor envergadura y no podría pararme a disfrutar del paisaje, como cuando era pequeña, porque mi principal ocupación era cuidar de mí misma y construir dentro de mí ese lugar seguro en el que permanecer protegida; después de todo eso, al fin albergaba una vida que era la certeza de un sueño cumplido.

Me sentía amada hasta el extremo. Ese corazón que latía en mi vientre era una especie de recompensa sagrada por todos mis desvelos. A la infancia que no fue, a la juventud que no viví, a la coraza que tuve que mostrar tantos y tantos años. Sí, mi paciencia, mi perseverancia, mi esfuerzo habían merecido esta recompensa. Me embargaba una sensación de

Me sentía amada hasta el extremo. Ese corazón que latía en mi vientre era una especie de recompensa sagrada por todos mis desvelos.

plenitud infinita. De gratitud inmensa. De amor incondicional.

El dolor y las dudas, las dificultades y las grandes piedras que había encontrado en el camino se veían verdaderamente pequeñas ante la grandeza de la vida que latía en mi interior. Definitivamente, me sentía preparada para amar con todo mi ser, con toda mi alma, con la entrega más pura.

No imaginaba hasta dónde sería capaz de amar.

Kike llegó al mundo el 31 de enero de 2007 y todo mi universo volvió a dar una vuelta de campana que hizo que se tambalearan mis cimientos y sacó de mí, una vez más, a la Fabiola más fuerte, más serena y valiente, más combativa y luchadora.

*   *   *

Que las cosas no iban bien se empezó a ver en una de las últimas ecografías. Cuando llegué a la consulta, llevaba días encontrándome mal. Tenía muchas tiritonas y no sabía a qué se debía, pero lo achacaba al frío del invierno, a una bajada de defensas…; qué sé yo. Todos mis miedos se calmaban cuando veía la imagen de Kike en el monitor. Miraba cada milímetro de aquella imagen en blanco y negro y sentía su latido, intentando encontrar un parecido envuelta en una nube de ternura y sabiendo que daba igual cómo fuera su rostro, a quién me recordasen sus ojos o la forma de sus labios, porque para mí era simplemente perfecto. Y mientras yo flotaba en aquella nube de inmenso amor, el médico había visto algo que encendió las alarmas.

—Enfermera, por favor, tráigame los informes de las pruebas que hicimos en el último control.

Cuando tuvo los documentos en sus manos y los revisó, comprobó que en aquel control todo era correcto, pero en el de ese día había algo que no terminaba de encajarle. Vi su cara de preocupación y me asusté.

—¿Qué pasa, doctor? ¿Está todo bien?

—Nada, Fabiola. Es que esto no había salido en otras pruebas. Como si hubiera un poco de líquido en la vesícula del bebé. Pero no te preocupes: lo vamos a tener bajo control. No es grave.

En aquella revisión sentí mi primera contracción. En aquel momento no sabía que lo era al ser primeriza, y, de todas formas, no debía notarlas hasta pocos meses antes de que el embarazo llegase a término. No podía identificar aquel dolor, pero hoy puedo describirlo exactamente igual que si lo estuviese sintiendo en este mismo momento.

Las contracciones son algo que no puede compararse con nada. Hay quienes dicen que se parecen a un retortijón o a un dolor de regla. Para mí no fue así. Yo sentía que toda la musculatura de mi abdomen se tensaba a la vez, como si tuviera vida propia. Es una tensión que comienza siendo sutil y de pronto se hace más y más fuerte, apretando con una firmeza tal que todo el cuerpo parece concentrarse en el vientre. La presión crece y te embarga la ansiedad. Cuando crees que no puedes aguantar más, que vas a sucumbir, el dolor se va disolviendo y la misma ola que te ha sacudido por completo va bajando hasta recorrer cada centímetro de ti y devolverte a un estado de calma donde, como el agua, fluyes hasta que llegue la siguiente ola.

Como digo, aquella primera vez no tenía ni la más mínima idea de lo que estaba sucediendo. Pensaba que era el bebé moviéndose dentro de mi vientre. Pero no.

—Es una contracción —me explicó el doctor—, pero es completamente normal. Lo que vas a hacer es quedarte en reposo en casa y descansar todo lo que puedas.

Así lo hice. Me marché a casa y me acosté. Estuve toda la tarde tumbada, pero no pude descansar: las contracciones no solo no desaparecieron, sino que se volvieron más frecuentes. Al principio eran sin dolor. Pero llegó un momento en el que apareció y supe que aquello no iba bien.

De madrugada, ese dolor intenso y punzante me despertó. Me asusté y llamé por teléfono a mi doctor.

—Disculpe que lo moleste a estas horas, pero es que no he parado de tener contracciones toda la tarde. Al principio no me dolían, pero ahora sí que me causan bastante dolor y no sé si es normal.

—Voy a darte una medicación para parar las contracciones y que puedas descansar.

Tomé la pastilla y, efectivamente, me calmé. Me quedé profundamente dormida.

Al poco tiempo, me desperté con ganas de ir al baño. Entonces fue cuando vi que estaba sangrando. Volví a llamar al médico y me dijo que me fuera a la clínica.

Estaba de parto, pero aún no lo sabía.

Llegué a la clínica y me monitorizaron. Sus primeras palabras me pusieron en alerta y trastocaron mi mundo por completo: «El niño tiene sufrimiento fetal».

Ahí sí que me alarmé. Lo primero que hice fue llamar a Bertín. En aquellos momentos, como nuestra casa estaba en Sevilla, cuando veníamos a Madrid a las revisiones, yo me quedaba en mi piso de soltera, para estar tranquila, y él dormía en casa de su amigo, casi hermano, Nacho Fuster, padrino de Kike.

Bertín llegó a la clínica y no se anduvo con rodeos. Quería saber a qué nos enfrentábamos. La respuesta de los médicos nos dejó helados.

—En esta clínica no podemos salvar al bebé.

—¿Y dónde sí podrían salvarlo?

—En La Paz.

Ni siquiera esperamos a una ambulancia para el traslado. Nos subimos al coche, Bertín llamó a información, pidió que le pasaran con el hospital y dijo que íbamos para allá, que yo estaba de parto y que si, por favor, podían atendernos de urgencia.

Cuando llegamos a La Paz, ya teníamos un equipo esperándonos. Y la velocidad de respuesta fue clave porque, efectivamente, Kike estaba a punto de morir en mi vientre.

El malestar que yo había tenido en las semanas anteriores se debía a que había enfermado de listeriosis. Es una infección grave causada por la bacteria *Listeria monocytogenes.* Habitualmente la causa la ingesta de alimentos contaminados. En mi caso, es posible que fuera un queso sin pasteurizar. En aquellos años a las embarazadas se nos advertía mucho de los riesgos de la toxoplasmosis y, de hecho, las pruebas para detectarla ya formaban parte del protocolo de control en el embarazo. Pero no te hablaban de los quesos no pasteurizados. Y yo comí mucho queso estando embarazada porque me encantaba.

Las mujeres embarazadas son las más proclives a sufrir listeriosis. También los recién nacidos o aquellas personas con un sistema inmunitario debilitado. Te puedes imaginar los riesgos que la enfermedad provoca en el bebé que está creciendo dentro de ti: la listeriosis se transmite a través de la placenta y puede causar aborto espontáneo, muerte fetal, parto prematuro o infecciones en el feto que pueden llegar a ser mortales. En mi caso la listeriosis contaminó la placenta y le provocó a Kike una septicemia, lo que desembocó en el parto prematuro.

*   *   *

La palabra *urgencia* se queda muy corta para lo que vivimos aquella noche. Los médicos volaban tratando de salvar a mi bebé.

Me hicieron una cesárea. Ya había dilatado dos centímetros cuando llegué, pero era inviable esperar a un parto normal. Mi hijo se moría dentro de mí.

Me pusieron la epidural y aún no había terminado de hacer efecto la anestesia cuando noté el bisturí hundiéndose en mi vientre. Era ardor puro deshaciendo mi carne.

No puedo recordar con nitidez lo que pasó en aquel quirófano. Estaba medio anestesiada —solo medio porque me necesitaban consciente para poder colaborar en algunas maniobras— y apenas podía distinguir figuras blancas yendo y viniendo a toda prisa, como si volasen sobre el suelo. Era una especie de caos donde se oían palabras que no alcanzaba a entender, la tensión se desbocaba y, al mismo tiempo, todo el mundo sabía cuál era su función, su lugar y su misión.

Bertín esperaba en el pasillo, desesperado, llorando, escuchando todo lo que se decía en aquel quirófano. Yo estaba sola con aquel ejército de médicos intentando salvar la vida de mi hijo. En uno de los pocos momentos de claridad que recuerdo, alcancé a oír: «Se nos va…, ¡se nos va!». Y mi mundo se vino abajo. Todo mi universo estaba allí, en mi vientre abierto en dos, en ese corazón que durante seis meses y medio había latido al compás del mío. Ahí abrigaba mi gran sueño…, ¿cómo podía despertarme tan pronto y de una manera tan abrupta?

Los segundos se me hicieron años. Esa fortaleza que me había sostenido siempre era por completo para Kike. Quería que cada célula de mí le llevase amor, que mi respiración fuera la suya, que mi latido fuese su latido. Quería que sintiera que tenía que ser fuerte, luchar por vivir y aferrarse a cada pequeña brizna de aliento.

Al fin nació. No pude verlo. Ni en ese momento ni más tarde. Ni en unos días. Para cuando lograron sacarlo con vida de mi vientre, yo ya estaba derrotada. Incluso había per-

Esa fortaleza que me
había sostenido siempre era
por completo para Kike.
Quería que cada célula de
mí le llevase amor, que mi
respiración fuera la suya,
que mi latido fuese su
latido.

dido un poquito la consciencia. Solo sabía que él estaba vivo y eso me bastaba.

Se lo llevaron en una incubadora y lo tuvieron en reanimación. Luego lo pasaron a la UCI neonatal.

Sus primeros dos días no existieron para mí. Estaban tratando de estabilizarlo, le habían hecho no sé cuántas transfusiones de sangre y cada minuto de vida era una batalla ganada en una guerra que se preveía larga.

Pasadas cuarenta y ocho horas, me levantaron para llevarme a verlo. Según me incorporé, empecé a sentirme muy mal. Me dolía muchísimo la cabeza y mi cuerpo estaba como entumecido. Como si no fuera dueña de mis movimientos. De hecho, apenas podía moverme. Era una sensación extraña y agobiante. Pensé que se trataba de una reacción psicosomática, que era mi mente rechazando la situación que estaba viviendo y mi cuerpo reaccionando ante este rechazo.

Pero no.

Cuando me pusieron la epidural, con todo el caos, me había movido y la aguja casi tocó la médula espinal. Mientras estuve tumbada, todo parecía ir bien, pero al levantarme dos días después empezaron aquellas sensaciones tan raras. Se trata de una complicación relativamente frecuente en las anestesias epidurales: de forma accidental, se produce una punción de la duramadre —la membrana exterior que protege la médula espinal— y provoca una pérdida de presión en la bolsa que rodea el sistema nervioso. La consecuencia es dolores de cabeza y de cuello muy intensos, sobre todo al incorporarte.

Nunca olvidaré el rostro de la enfermera que se dio cuenta. Era una mujer muy mayor, menudita, como esas enfermeras de toda la vida. Tenía el pelo blanco, muy blanco, y el aspecto de una monjita, con una cara que reflejaba una bondad indescriptible.

—¿Solo te sientes así cuando te levantas? —me preguntó.

—Sí.

—Sácame a todo el mundo de la habitación —le dijo a su compañera.

Y me empezó a hacer preguntas, hasta que llegó a la conclusión.

—Aquí ha tenido que pasar algo con la anestesia. Voy a llamar al equipo.

Efectivamente, los anestesistas confirmaron sus sospechas, así que me bajaron a quirófano de nuevo, esta vez para ponerme un parche hemático que permitiera «sellar» el pequeño poro que había en la médula.

Resueltos ya estos problemas, al fin pude conocer a Kike. Y cuando lo tuve en mis brazos fue cuando de verdad sentí que era madre.

Su fragilidad era todo mi mundo. Tan pequeño, apenas unos centímetros envueltos en cables. Su piel tan fina, casi transparente, y al mismo tiempo tan suave. Su olor, tan delicado; ese aroma indescriptible a tibio y nuevo. Una vida por estrenar antes de tiempo y, a la vez, amenazada con no resistir más allá de cada atardecer.

Cada una de sus respiraciones era para mí un pequeño milagro. Y en ese ritmo que marcaba el compás de una batalla por la vida, sentía que, más allá de los problemas, podía encontrar la paz de su presencia.

Kike, tan diminuto, me hacía sentir inmensamente poderosa. Entre el miedo y la gratitud, me recorría una energía nueva, toda una fuerza de la naturaleza que se abría paso por mi piel transformada en una caricia constante. Éramos uno y, aun vulnerable y agotada, aun con miedo e incertidumbre, sentía que podía luchar, cuidar y vivir más allá de cualquier dificultad.

Para ser exacta, la primera vez que sentí la piel de Kike no fue entre los brazos, sino en mi pecho. Era tan pequeñito que me lo tuvieron que colocar y enseñarme a sujetarlo. Me explicaron que era muy importante realizar el método canguro: se trata de una técnica que se emplea con los bebés prematuros en las unidades de neonatología y que consiste en colocarlos en posición vertical sobre el pecho desnudo de la madre o del padre, con la cabeza ladeada de manera que uno

Cada una de sus respiraciones era para mí un pequeño milagro. Y en ese ritmo que marcaba el compás de una batalla por la vida, sentía que, más allá de los problemas, podía encontrar la paz de su presencia.

de sus oídos pueda estar cerca del corazón de quien lo sostiene. Este contacto piel con piel regula mejor la temperatura del bebé que la propia incubadora y promueve una relación llena de amor entre la madre y el padre con el bebé. Además, se puede reducir el número de días que permanecen ingresados, aunque en el caso de Kike estuvimos cuatro meses viviendo literalmente en el hospital.

A los cuatro o cinco días del parto me dieron el alta. Tuvimos la suerte de encontrar un piso que estaba muy cerquita de La Paz y allí nos instalamos para estar al lado de Kike. Yo solo lo pisaba para dormir y ducharme: me levantaba tempranito y rápido me iba al hospital para instalarme en la UCI neonatal y aprenderlo todo de las enfermeras. Es verdad que estaba tan delicado que era muy poco lo que yo podía hacer, pero, por poco que fuese, quería que mi hijo supiera que estaba a su lado.

Aprendí a bañarlo dentro de la incubadora. Lo acariciaba a través de la mampara y de los cables para que fuésemos creando un vínculo afectivo. Porque el método canguro solo podíamos realizarlo en un breve espacio de tiempo cada día: Kike necesitaba oxígeno y mil cuidados más que requerían cierto aislamiento en la incubadora.

Lo fuimos estimulando para que aprendiera a succionar. Mojaba el chupete en una solución que preparaban las enfermeras y se lo ponía entre los labios para que se acostumbrara a chupar. Le masajeaba los labios y hacía el sonido de la succión. Creemos que se trata de un gesto innato en los bebés…, pero, claro, para eso tienen que haberse desarrollado lo bastante durante el embarazo y no era el caso de Kike.

Cuando empezó a succionar, probamos a ver si toleraba alimento. Y fue una aventura, porque las enfermeras te enseñaban a cogerlo de tal manera para que echase los gases que parecía que se iba a partir en dos.

La UCI es una auténtica escuela. Más que de cuidados, es una escuela de vida. El tiempo que pasas allí se convierte en tu mundo, un pequeño gran universo en el que se lucha por un día más, por unos minutos más, incluso. Allí ser fuerte no es una opción: es cuestión de supervivencia.

En una UCI neonatal vives momentos durísimos. Estás con tu niño y de pronto ves correr a todo un equipo de médicos y enfermeras… y das gracias a Dios por que esta vez no vienen a salvar al tuyo. Porque tu hijo está tranquilo, respirando sobre tu pecho.

A veces esas carreras terminan con sonrisas y caras de satisfacción. Otras, en cambio, es la muerte quien gana la partida.

Eso sucedió con el bebé de la incubadora de al lado. A través del biombo, en el silencio solo roto por el pitido de las máquinas, podía oír los sollozos desgarrados de su madre. El pitido cada vez se hacía más y más lento… y, de pronto, desapareció. Y me invadió un sentimiento irreprimible que mezclaba la gratitud con la culpa: ¿por qué ese bebé se iba y el mío sobrevivía?

El neurólogo que nos atendía, que tenía una sensibilidad muy especial, estaba intentando implantar en el hospital un protocolo para estos casos. Quería que las familias pudieran despedirse a solas, en paz, de sus bebés. Porque decir adiós en medio de una UCI, con otros padres cuidando de sus hijos, puede resultar hasta un punto cruel.

Después de tres meses en cuidados intensivos neonatales, al fin pasaron a Kike a planta. ¡Ese día fue una auténtica fiesta! Ya estaba bastante recuperado y ahora solo tenía que coger más peso. Las máquinas ya no recorrían su pequeño cuerpecito: ahora había que alimentarlo con más cuidado aún y vigilarlo, sí, pero sin tanta alerta como en los días pasados.

* * *

Cuatro semanas después, nos dieron la gran noticia: podíamos irnos a casa. Respiré hondo y sentí que una oleada de amor recorría mi cuerpo. Mientras envolvía a Kike en su arrullo, pensaba en tantas noches con el sonido de las máquinas como banda sonora, en la ansiedad que nunca quise transmitirle, en los miedos que habían rondado mi mente cada vez que pasaba mis manos a través de la mampara de la incubadora para acariciarlo, muy lentamente, con toda la suavidad de la que era capaz.

En aquel nuevo comienzo las lágrimas no eran de rabia, sino de felicidad y esperanza.

El miedo no se quedó en el hospital. También vino conmigo. Más que miedo era auténtico pavor. En el hospital sabía que, pasase lo que pasase, rápidamente vendría un ejército de médicos y enfermeras a salvar a mi hijo. Pero ¿y en casa? ¿Sería yo capaz de atenderle en cualquier crisis? ¿Estaba realmente preparada? ¿Y si de pronto dejaba de respirar en mitad de la noche y no me daba cuenta?

Pasó un mes hasta que conseguí acostumbrarme a convivir con aquella incertidumbre. No diré vencerla: el miedo es difícil de vencer, pero aprendes a que forme parte de tu día a día y no te paralice. Lo saludas, le das los buenos días y asumes que estará ahí, acechando a tu espalda…, solo que no lo invitas a sentarse a tu mesa.

Bertín y yo hicimos un gran equipo. Fuimos uno para nuestro hijo y nos sincronizamos a la perfección para superar aquellos primeros momentos de desasosiego. Así, Kike em-

El miedo es difícil de vencer, pero aprendes a que forme parte de tu día a día y no te paralice.

pezó pronto a coger el ritmo de un recién nacido, con sus
biberones y sus siestas…, aunque, en nuestro caso, se añadía
el extra de horas y horas de terapia. Eran muchas sesiones a
lo largo del día y nos turnábamos para realizarlas.

Kike necesitaba estimulación visual, auditiva, táctil. Para
que desarrollara la vista había que usar esa especie de boli
con luz que utilizan los médicos. Le tapábamos un ojito y
hacia el otro dirigíamos pequeños destellos de luz. Esto estimulaba sus pupilas. La terapia auditiva consistía en irle po-
niendo pequeños ruidos, primero en un oído, luego en el
otro, y ver si en algún momento se giraba: eso significaba que
había oído. La estimulación táctil se hacía recorriendo su piel
con diferentes texturas, para que fuera acostumbrándose a
distintas sensaciones.

Todo esto se hacía muchas veces a lo largo del día. Todos
los días. La respuesta era muy lenta, y cada vez que veíamos
un pequeño avance, lo festejábamos como un auténtico acon-
tecimiento.

Recuerdo muy bien la primera vez que soltó una carcaja-
da. ¡Nos quedamos impactados! Estaba con su hermana Alejandra y ella se puso como a bailar una sevillana: él la miró y
primero hizo el amago como de toser…, pero esa tosecita se
convirtió en una risa en toda regla. ¡Kike riendo y todos los
demás llorando de emoción a su alrededor!

Desde entonces, el carácter risueño siempre ha acompañado a Kike. El intenso trabajo, su lucha titánica, no ha restado ni un ápice de alegría a su carácter. Y creo que esa manera de ser le ha hecho más fuerte.

Kike, en su lucha consigo mismo, ha sido mi gran maestro. Cada pequeño gesto es una batalla: coger un vaso para beber agua, decirme «te quiero», incluso mantener la cabeza erguida. Y todas esas batallas las libra con una valentía que me resulta admirable. Es nuestro pequeño gran guerrero. Y todo lo que hemos aprendido con él no podía quedarse en casa: tenía que servir para ayudar a otras familias que, como nosotros, han visto cómo la discapacidad se instalaba en su casa y convertía su día a día en una fuente constante de retos, dudas y duelos; que han visto a la muerte de cerca.

De nuevo la maternidad me planteaba otra gran dicotomía: quedarme a vivir en el drama o compartir mi experiencia para poder ayudar a los demás. Convertirme en una roca, dura e inexpugnable, o ser agua y fluir, dejando que la fuerza lenta de la corriente fuera encontrando el camino.

Elegí la segunda opción.

Y así nació la Fundación Kike Osborne.

EL VALOR DE AMAR

Todo por las familias

> «Ser profundamente querido por alguien te da fortaleza, y querer profundamente a alguien te da valor».
>
> LAO-TSE

Si Kike me enseñó la grandeza de la vida y la fortaleza que es capaz de desarrollar hasta el ser más pequeño y vulnerable, Carlos llegó poco después para demostrarme que el amor puede multiplicarse hasta el infinito y de formas muy diversas.

Mi segundo hijo ha sido para mí otro gran maestro. Llegó muy pronto, el 20 de noviembre de 2008, cuando Kike apenas iba a cumplir dos años. En esta ocasión todo fue muy distinto: un parto natural, sencillo —aunque, como saben todas las madres, ningún alumbramiento es un camino de rosas— y bastante rápido. Pude tener conmigo a mi bebé desde el primer momento, un niño sano, muy grande —¡pesó más de cuatro kilos!—, y todo fue tan bien que a los tres días nos marchamos a casa.

Durante el embarazo me preguntaban constantemente si tenía miedo a que se repitiera la historia de Kike. Y lo cierto es que nunca se me pasó por la cabeza. Siempre he tenido claro que lo que le pasó a mi hijo mayor podría haber sucedido o no: las cosas fueron como fueron, quién sabe por qué, pero la historia no tenía por qué repetirse. En ese aspecto, estaba tranquila.

Quizá me preocupaba más cómo iba a multiplicar el tiempo para criar a un recién nacido mientras su hermano requería tantas horas de terapia y tantos cuidados. Y lo primero que hice fue buscar ayuda externa profesional: en mi caso, apoyarme en la familia solamente no era una opción, necesitaba alguien con conocimientos pediátricos y de rehabilitación.

Lo que no imaginaba es que Carlos iba a avanzar tan rápido. Que iba a ser tan espabilado y se iba a desarrollar con tanta celeridad. Mi referencia era Kike, que tenía una parálisis cerebral y para quien hasta respirar en sus primeros días se había convertido en un gran triunfo. Tuvo que pasar casi un año para que pudiera lograr sostener su cabecita; en cambio, Carlos respondía a los estímulos desde el principio, miraba, movía la cabeza, se giraba cuando escuchaba ruidos…

Mi gran reto era cómo criar a Carlos sin descuidar a Kike
y, al revés, cómo seguir con toda la atención que necesitaba
mi hijo mayor sin resultar ausente para el pequeño. Opté por
procurar hacer muchas cosas juntos, desde muy pequeñitos.
Por ejemplo, cuando llegaba la hora del baño, los metía a los
dos juntos en la bañera. Mientras hacía la terapia a Kike, tenía a Carlos a mi lado, jugando con todas las cositas que uti-
lizábamos para la estimulación de su hermano. Y así, poco a
poco, el pequeño fue estimulándose también y avanzando
a una velocidad de vértigo.

O cuando trabajábamos el patrón cruzado para desarrollar la lateralidad cerebral de Kike, moviendo simultánea-
mente el brazo derecho con el pie izquierdo y al revés, lo
hacía también con Carlos. Y enseguida, cuando le estimulaba
un pie, él ya hacía de manera natural el movimiento con la
mano contraria. Así que empezó a gatear mucho antes de los
tiempos que se le suponen a un bebé, y lo mismo sucedió con
caminar.

Otra de las terapias que hacíamos con los dos a la vez era
un programa intelectual en el que les íbamos mostrando imágenes junto con palabras: se suele utilizar para trabajar la
comprensión lectora, pero en el caso de Kike se trataba de
algo mucho más básico: darle contenido al cerebro para que
pudiera trabajar y mejorar las condiciones neurológicas. Lo

Mi gran reto era cómo criar a Carlos sin descuidar a Kike y, al revés, cómo seguir con toda la atención que necesitaba mi hijo mayor sin resultar ausente para el pequeño.

que en el caso de mi hijo mayor era una técnica para que su cerebro estuviera estimulado, en mi hijo pequeño se convirtió en un aprendizaje de lectura.

A pesar de todo, cada niño requiere su atención. Necesita sus tiempos para sentirse único. Y a veces siento que Carlos no ha tenido esa oportunidad. De hecho, siempre ha sido el graciosete, el que cantaba y bailaba a todas horas para llamar la atención de algún modo.

Ha sido bonito también percibir que Kike ha desarrollado cierto sentimiento de protección hacia su hermano. A su manera, por supuesto, con todas las limitaciones que tiene su discapacidad. Cuando riño a Carlos, Kike se pone triste. Cuando dormían juntos en la misma habitación, nada más despertarse, Kike empezaba a llamar a su hermano: «Carlos, hermano…, Carlos…».

Carlos, por su parte, ha sido siempre un motivo de felicidad y de alegría para su hermano mayor. Cuando era muy pequeño, vio que a Kike le hacía mucha gracia si se tropezaba y entonces se tiraba todo el rato al suelo para hacer reír a su hermano.

Bailábamos mucho. La música ha sido una gran compañera en las terapias de Kike. Aunque realmente no sé si lo que Carlos y yo hacíamos mientras él se reía se puede considerar bailar: no parábamos de saltar, de correr de un lado a otro, de cantar a voces… Hace poco he visto un vídeo que me envió mi prima Desirée en el que sale Carlos, con unos tres añitos o así, corriendo de un lado a otro de una habitación: en una zona hacía como si tocase el piano y en la otra toqueteaba dos cedés como si fuera un DJ…, y todo bailando y riendo como un auténtico minishowman.

En comparación con Kike, sentadito siempre en su silla de ruedas, ver a Carlos tan enérgico, tan risueño y divertido, era un auténtico soplo de vida.

* * *

Llegó un momento en el que llegamos al máximo tope con las terapias de Kike. Vimos que no avanzaba más. Estábamos en una especie de bucle en el que hacíamos todos los días la misma terapia, los mismos movimientos… y no detectábamos ningún avance. Empecé a buscar alternativas y, entonces, investigando, di con un sistema que era el origen de todo lo que nosotros estábamos trabajando. Se trataba del método Doman, de los Institutos para el Logro del Potencial Humano de Filadelfia (IAHP, por sus siglas en inglés).

Para empezar, me gustó mucho que hablasen de «lesión» y no de «enfermedad», ni de parálisis cerebral. En este método se insiste mucho en que niños como mi hijo Kike tienen el

Bailábamos mucho. La música ha sido una gran compañera en las terapias de Kike.

cerebro lesionado, pero sigue teniendo una gran plasticidad y, estimulándolo de forma adecuada, podemos darle una oportunidad para que se desarrolle.

Vi que hacían cursos y no lo dudé: nos apuntamos al primero disponible, que era en Aguascalientes, México. Fue una semana superintensa, con formaciones desde las nueve de la mañana hasta las nueve de la noche. Cuando terminábamos y nos daban por escrito el material que habían trabajado durante la jornada, nos encerrábamos en la habitación a estudiarlo más profundamente. Cuando llegamos a España, empezamos a aplicarlo con Kike… y así cada seis meses.

Todo nuestro intenso trabajo y el esfuerzo de Kike daban sus frutos. Las pequeñísimas esperanzas de supervivencia que dijeron que tenía nada más nacer se fueron convirtiendo en un pequeño gran milagro diario. Kike superaba los obstáculos, crecía, se iba desarrollando poquito a poco… y, además, se convertía en el estímulo más directo para su hermanito pequeño.

* * *

Desde el principio quisimos compartir todos estos avances, para dar esperanza a aquellas familias que pudieran estar en la misma situación. Cuando eres un personaje público, no solo tienes la oportunidad, sino también un cierto deber de transmitir valores con tu imagen, y mostrarle a la gente que te sigue en las revistas o en la televisión que hasta en los momentos más difíciles de la vida existe la opción de luchar, de seguir adelante y sacar fuerzas de donde sea para no rendirte nunca y ser cada día una persona mejor. Por eso Bertín y yo quisimos publicar reportajes puntuales en los que se viera la evolución de Kike.

Esto generó una corriente de amor que aún hoy me emociona. Madres que tenían hijos con discapacidades severas nos enviaban cartas a la cadena de televisión en la que estuviera trabajando Bertín, o al hospital donde tratábamos a Kike: nos daban ánimos, nos aconsejaban terapias, nos daban referencias médicas, nos «abrazaban» con sus palabras diciéndonos que todo iba a salir bien. Aún tengo una caja con todas esas cartas guardadas porque quiero leérselas a Kike y que pueda sentir todo el amor que le transmitieron.

Quisimos responder a cada gesto de amor y de esperanza. Contestábamos a cada carta agradeciendo tan bello gesto…, hasta que llegó un momento que el volumen superaba lo que humanamente podíamos responder. Entonces un sobrino de Bertín nos dio la clave: «¿Por qué no creáis una fundación?».

Aquello me abrió aún más los ojos. Estaba recibiendo no solo amor, sino tanta información y consejos valiosos de personas que habían pasado por situaciones muy similares a la mía que de algún modo me sentía en el deber de hacer por otras familias lo que antes habían hecho por mí.

Además, como las técnicas que habíamos aprendido del instituto de Filadelfia habían ayudado tanto a Kike, enseguida pensé que sería maravilloso poder traer a España a algunos doctores para hacer jornadas en las que los padres aprendieran técnicas valiosas sin tener que cruzar un océano para formarse.

Una vez más salió en mí esa Juana de Arco peleona y guerrera, que no se rinde ante la adversidad y que considera que cada batalla es una oportunidad para alcanzar un propósito mayor que el triunfo personal. En este caso, el logro de mi hijo.

No os engañaré: no estaba preparada para dirigir una fundación. Esta faceta requiere formación y mucha experiencia…, y todo lo fui aprendiendo por el camino, rodeada de un equipo increíble de profesionales volcados en un único propósito: ayudar a las familias.

Al principio, el enfoque de la Fundación Bertín Osborne —que así fue como se llamó en el inicio— fue la terapia. Queríamos que lo que habíamos aprendido con tantos viajes y estudio pudiera estar disponible para otras familias que tuvieran hijos en la misma situación que Kike. Sin embargo, a medida que avanzábamos, comprobamos que las terapias no resultaban igual de útiles en todos los casos y no podíamos cargar con semejante responsabilidad: había padres que depositaban su fe en un tratamiento determinado que a Kike le había ido genial, pero quizá no era el más adecuado para sus hijos.

Esto me generó un gran conflicto moral: estaba mirando de frente cómo, en ocasiones, la vida te pone contra las cuerdas y hace que te agarres a un clavo ardiendo. Pero el clavo no arde igual para todos: cada caso es un mundo, cada situación es única, e incluso niños con la misma patología evolucionan de distinta manera tratándose con las mismas técnicas.

Ahí fue donde nos dimos cuenta de que una de nuestras tareas principales había de ser ayudar a que se sostuviera el núcleo familiar. Si una familia no tiene pilares fuertes, no está sostenida y no está formada, las posibilidades de tomar malas decisiones se multiplicaban. Por lo tanto, la formación y el apoyo iban a ser nuestros pilares fundamentales.

Rodearse de otras familias con niños en la misma circunstancia que Kike también fue fundamental para Carlos. Al principio no comprendía que su hermano tuviera una discapacidad: para Carlos era su hermano, Kike; no se planteaba que fuera diferente a una gran mayoría de gente. Sin embar-

Si una familia no tiene pilares fuertes, no está sostenida y no está formada, las posibilidades de tomar malas decisiones se multiplicaban.

go, a medida que fue creciendo y entendiendo, cuando veía a otros niños de la fundación, me preguntaba:

—Mamá, ¿y qué le pasa a ese niño?

—Mi amor, lo mismo que a Kike.

—¿Y qué le pasa a Kike? ¿Por qué no camina?

Entonces tenía que explicarle, con palabras que pudiera comprender y asimilar de forma sencilla, pero al mismo tiempo con total claridad, qué era lo que le había pasado a su hermano.

Estuvo mucho tiempo preguntándome por qué Kike no caminaba. Y también pasó otra temporada en la que, cuando en los talleres le pedían un dibujo de su familia, Carlos pintaba a mamá, a papá y a él…, pero ni rastro de su hermano. Supongo que sentía que le dedicábamos mucho tiempo a Kike y, de algún modo, reclamaba su cuota de protagonismo. También trataba de llamar la atención, por ejemplo, cuando no quería atarse los cordones o secarse solo al salir del baño.

—Mamá, sécame tú.

—No, hijo, tienes que aprender a secarte solo.

—¡Pero a Kike sí lo secas!

—Claro, Carlos, pero es que Kike no puede hacerlo solo. —Se me quedaba mirando, muy fijo—. ¿Tú puedes coger la toalla?

Y la cogía. Entonces yo le decía a Kike:

—Kike, coge la toalla. —Por supuesto, no podía hacerlo. Y me volvía a dirigir a Carlos—: ¿Lo ves? Tú puedes hacer algunas cosas que Kike no puede hacer.

Es natural que los niños busquen llamar la atención. Lo hacemos incluso cuando no existe ninguna «diferencia» respecto a nuestros hermanos. ¿Cómo no hacerlo cuando, en efecto, se nos dedica menos tiempo por la circunstancia que sea? Pero siempre fueron episodios puntuales: Carlos, desde el primer momento, ha sido el gran protector de su hermano.

Recuerdo un día que estábamos en un parque y se dio cuenta de que un niño se había quedado mirando a Kike. El niño se acercó y preguntó, señalándolo:

—¿Qué le pasa?

Inmediatamente, Carlos saltó del columpio en el que estaba, se paró delante de aquel niño y, muy firme, le dijo:

—¡Es mi hermano! —Como queriendo decir: «¡Con él no te metas!».

Otro de los aspectos que he aprendido a trabajar como madre gracias a la fundación ha sido el autocuidado. Mi propia evolución me llevó también a comprobar que cuidarme a mí misma no era un capricho, sino algo fundamental para la persona cuidadora. Eso lo aprendí a base de ensayo-error. Cuando Kike se estabilizó y Carlos empezó a ir al cole, mis tareas diarias con mis hijos requerían mucho menos tiempo y sentí un bajón emocional bestial. Había vivido cinco años en alerta constante, con un estrés que se había convertido casi en mi motor y, de pronto, mi vida bajaba revoluciones y me encontraba de frente conmigo misma.

Comencé a enfermar. Sufría fuertes dolores de cabeza de forma muy constante. No dormía. Iba al médico y me derivaban de un especialista a otro. En realidad, lo que me pasaba era que me había volcado tanto en los demás que había descuidado a quien necesita sí o sí de mi atención: yo misma.

Cuando tienes un hijo con una lesión cerebral, piensas que toda tu prioridad es él. Su cuidado. Su terapia. Que salga adelante. Si además tienes otro hijo, repartes tu tiempo como buenamente puedes y hasta te sientes culpable por no darles a los dos la misma atención.

Y tú te pierdes por el camino. Dejas de existir como mujer y todo tu universo se reduce a los cuidados para tus hijos. Te sientes culpable incluso cuando quedas a tomar un café con una amiga porque piensas que esa hora se la estás robando a tu familia.

En la fundación trabajamos mucho para revertir esto. Formamos a las familias para que encuentren espacios en los que respirar. Esto se consigue repartiendo responsabilidades,

En realidad, lo que me pasaba era que me había volcado tanto en los demás que había descuidado a quien necesita sí o sí de mi atención: yo misma.

creando entornos equilibrados que vayan más allá de la pareja, en los que puedan intervenir los abuelos, amigos o personas ajenas que quieran ayudar. ¡Porque siempre hay quien quiere ayudarte y tú tienes que saber decirle cómo!

Lo he vivido: he tenido cerca personas maravillosas que me ofrecían su tiempo, pero lo rechazaba porque sentía que Kike era mi responsabilidad única y exclusiva. Que nadie más tenía que invertir su tiempo en él. Estaba equivocada: por supuesto que mi deber es velar por mi hijo, pero no puedo cargarme absolutamente con todo.

Aprendí, por ejemplo, a hacer curas de sueño. ¡Necesitaba dormir! Algo tan básico y reparador se descuida hasta el extremo cuando vives en alerta. Y cuando conseguía desconectar tres días, en mi propia casa, todo fluía mejor porque yo me encontraba mejor.

Profesionales médicos, ayuda legal, expertos en gestión emocional y autocuidado… Todas las herramientas que hemos ido necesitando para ayudar a Kike y a nosotros mismos son las que ponemos a disposición de las familias en la Fundación Kike Osborne. Y a ellas se suma desde hace unos meses un programa para la gestión del duelo, que es algo durísimo y de lo que se habla muy poco.

* * *

En todas las familias con las que hemos tratado se repiten elementos comunes: primero, el miedo a qué va a pasar cuando no estemos, quién va a cuidar de nuestros hijos. Son niños absolutamente dependientes: si no les das de comer, no comen; si no les das de beber, no beben. Son tareas sencillas que no pueden hacer por sí mismos y piensas: «Si yo no estoy, ¿quién lo va a cuidar?».

Ese miedo se une a otro no menos importante: cómo superaremos el vacío si ellos se van antes. Y esta segunda opción es la más habitual: lo hemos vivido acompañando a algunas familias en la fundación porque hay pocas cosas en la vida tan desgarradoras como perder a un hijo. Más aún si durante toda su vida has luchado tanto por su supervivencia y por su desarrollo. Si este proceso lo acompañas con un profesional que te sepa guiar, que te ayude a aceptar eso que no puedes cambiar, el dolor seguirá, pero el sufrimiento se irá paliando.

Uno de esos procesos, que viví muy de cerca y me impactó muchísimo, fue el de Sofía, una niña de las primeras en llegar a la fundación. Era de Málaga, estaba muy afectada, tenía una enfermedad rara y venía siempre a los talleres de Sevilla con sus padres y su hermana. Nunca olvidaré el día en el que sus padres la escucharon reírse a carcajadas por primera vez: sucedió en un taller de arteterapia y fue absolutamente mágico. Estaban haciendo una actividad que simbolizaba el rol que juega el hijo dependiente en el entorno familiar: a cada grupo se le da un papel para que hagan con él lo que les parezca. La hermana de Sofía empezó a romperlo en pedacitos muy pequeños, como si fuera confeti, y tiró los papelitos al aire. Cuando empezaron a caer sobre su hermana, que estaba tumbada porque su afectación era grandísima, la niña empezó a reírse.

La energía se contagió. La sala se llenó de felicidad y de magia. Nos abrazamos, reímos, los felicitamos… Aquella mañana me devolvió la felicidad que sentí el día en el que Kike se rio por primera vez viendo bailar a su hermana Alejandra: son momentos que te devuelven la fe en la vida y te dan fuerza y energía para seguir en la lucha diaria.

Nada más comenzar la pandemia de la COVID-19, supe que aquella niña malagueña había fallecido por una afección pulmonar. Me dejó impactadísima. Y aún más la reacción de su familia: en pleno proceso de duelo, escribieron una carta a todas las personas de la fundación que en algún momento habían estado a su lado. Eran unas líneas bellísimas de agradecimiento y despedida. Una manera de soltar su dolor y canalizarlo para poder seguir viviendo y cuidando de su otra hija.

Hoy en día estos padres siguen viniendo como voluntarios a talleres para ayudar a otras familias, y su hija mayor ha decidido formarse en terapias con las que pueda tratar a otros niños que, como su hermana, tienen lesiones cerebrales.

Ellos son el perfecto ejemplo de lo que buscamos con nuestro trabajo en la fundación: cuidar, querer y arropar.

En Europa, dos de cada mil niños nacen con una lesión cerebral. Nuestro compromiso es claro: no dejar solas ni desinformadas a las familias de niños con lesión cerebral que derive en discapacidad. Centramos todos nuestros recursos en proporcionar herramientas a las familias que se sientan perdidas y sin saber qué hacer ante una situación que puede resultar difícil de manejar.

Hay casos durísimos. Madres que llegan a mí buscando comprensión y me da pánico decirles algo que puedan interpretar mal o hacerles tomar una decisión inadecuada. Por eso la atención psicológica es tan importante. Nos dimos cuenta cuando me contactó una madre hundida y me confesó que la discapacidad de su hijo la había bloqueado hasta el extremo de llegar a pensar cómo podría sacarlo de su vida. Si hubiera sido por ella, lo habría dado en adopción, pero su marido se negaba. Ahí me percaté de que era fundamental contar con una línea de atención psicológica telefónica que pudiera atender a cualquier persona que lo necesitase, sin importar a qué hora o desde dónde reclamase ayuda.

Hoy puedo decir con mucho orgullo que esa primera paciente de nuestra línea de atención psicológica está sanando y hasta comparte vídeos con nosotros riendo a carcajadas con su hijo.

Nuestra misión es, primero, de acompañamiento. Queremos que las familias nos consideren un «compañero de viaje» en la difícil ruta de la discapacidad proporcionándoles proyectos que los ayuden a caminar mejor en su día a día y ofreciéndoles claves para afrontar situaciones emocionalmente complicadas. Creemos que poder disfrutar de un espacio y un tiempo para compartir experiencias, a la vez que descubrir y ampliar el repertorio de habilidades, estrategias y herramientas, puede beneficiar tanto en el desarrollo personal como en las relaciones familiares y, por lo tanto, en el ambiente donde se educa a hijos e hijas, con y sin discapacidad.

Existen muchas fundaciones y entidades en España que ayudan a personas con distintas discapacidades. Nosotros queríamos aportar una visión distinta, desde un ámbito algo más amplio, que incluye al entorno de la persona con discapacidad. Porque realmente son muchos los que viven esa realidad, no solo aquel a quien se le diagnostica. Es importante acompañar a sus seres queridos —padres, hermanos, abuelos— porque su bienestar también repercutirá en un mejor estado del niño o del adulto con discapacidad.

Nosotros queríamos aportar una visión distinta [...] que incluye al entorno de la persona con discapacidad. Porque realmente son muchos los que viven esa realidad, no solo aquel a quien se le diagnostica.

Trabajando en equipo, apostando por las últimas innovaciones tecnológicas y, sobre todo, en un clima de respeto e inclusión, queremos generar confianza en las familias, pilar y eje de nuestra sociedad, para que tengan la motivación y la posibilidad de ser el motor de mejoras a su alrededor, y ofrecer a la persona con discapacidad un espacio, y autonomía a través de la formación —y de la información— de sus familiares, y trabajar entre todos para que la persona con discapacidad tenga la posibilidad, en definitiva, de cumplir sus deseos y con sus obligaciones como cualquier ser humano.

Tenemos proyectos de autonomía personal porque sabemos que el entorno de una persona con discapacidad tiende a sobreprotegerla y va coartando su desarrollo intelectual y social.

Ofrecemos también asesoría nutricional: en la mayoría de los casos, una alimentación sana no es una elección, sino un requisito fundamental para garantizar la supervivencia de nuestros hijos. Muchos de ellos tienen trastornos de la deglución o disfagias y hay que ayudarlos a superarlos, combinando la alimentación con la estimulación sensorial y técnicas para el desarrollo motor.

Además, nuestro proyecto +Family contempla líneas de asesoramiento personalizado y gratuito para las familias de personas con discapacidad en muy distintos ámbitos: desde la asesoría legal hasta la gestión de recursos sociales y laborales, la atención psicológica o la educación afectivo sexual.

Esta última es crucial. Lo voy a explicar con un ejemplo muy fácil: muchos de nuestros niños llevan pañales porque no poseen el control de sus esfínteres. Y cuando tú, como madre, interiorizas esa situación en tu día a día, ves hasta normal cambiar al niño o a la niña en cualquier lugar. Sin embargo, no se te ocurriría cambiar a otro de tus hijos sin discapacidad rodeado de gente. O si fuera él quien se quitase el pañal, le dirías: «No, mi amor…, el pañal no se quita con personas delante».

En cambio, no tenemos esa actitud con los niños con discapacidad. Y la realidad es que lo que para mí es algo natural e inocuo, a mi hijo le está transmitiendo de manera subliminal que su cuerpo no es algo que se tenga que proteger. A esto se suma que, como necesitan ayuda para casi todo, son muchas las manos que los tocan: para levantarlos de la cama, para ducharlos, para vestirlos, para sentarlos…

Es importante tomar conciencia de esto y que, a través de la educación, nuestros niños estén protegidos. Y para conseguirlo es imprescindible llamar a las cosas por su nombre, también en materia sexual. Con respeto, pero sin edulcorantes. Tenemos que educarnos como padres para que nuestros niños y niñas con discapacidad puedan sentir que su cuerpo se respeta, que se preserva su integridad y que se les cuida y se les protege.

Otra parte fundamental es el apoyo en la educación escolar: la falta de información sobre las discapacidades, o directamente la desinformación, generan en muchas ocasiones una ausencia de empatía que puede llegar a traducirse en discriminación en el ámbito educativo. Por eso queremos formar y acompañar a las familias para que superen todas las dificultades en este ámbito, clave para el desarrollo personal de nuestros hijos.

En la fundación hemos ofrecido ayuda y atención a muchos padres que han visto cómo sus hijos eran víctimas de acoso escolar. Uno de los casos más conocidos es el de Valeria, una niña con TEA (Trastorno del Espectro Autista), TEL (Trastorno Específico del Lenguaje) y epilepsia, que sufrió repetidas vejaciones por parte de tres de sus profesoras.

Rocío, su madre, detectó cambios bruscos en su hija, que llegaba a casa con ansiedad, así que puso una grabadora en su mochila. No imaginaba lo que iba a escuchar: «Tiene el cerebro cascado», «Solo nos queda amarrarla», «Tendría que estar en un psiquiátrico», etc. Los audios son demoledores.

La madre denunció, pero la grabación no pudo admitirse como prueba y la situación se dio la vuelta, pues las profesoras terminaron denunciándola por acoso.

Rocío contactó conmigo y en la fundación intentamos buscar la manera de ayudarla, aunque en este caso judicialmente no había mucho que hacer: nuestra ayuda se centró en la atención psicológica, sobre todo de la madre.

Formar parte de la fundación es una de las experiencias más transformadoras y satisfactorias que me ha dado la vida. La capacidad de enfrentarme a un desafío y de transformar mi dolor en bálsamo para otras personas ha dado sentido a mi vida y me ha enriquecido hasta límites inimaginables.

Pero ese camino de lucha contra la soledad de los demás, sin yo saberlo, me iba a colocar ante el abismo de mi propio vacío.

La falta de información sobre las discapacidades, genera en muchas ocasiones una ausencia de empatía que puede llegar a traducirse en discriminación en el ámbito educativo.

¿QUÉ ME PASA?

Mi propio duelo

«No sabes lo fuerte que eres hasta que ser fuerte
es la única opción que tienes».

BOB MARLEY

Ser fuerte no es gratis. Luchar contra viento y marea, permanecer serena y firme ante cualquier adversidad, durante años y años, sin descanso, sin una sola tregua donde poder parar a respirar, pasa factura. Porque allí donde los demás ven una roca, una fortaleza inexpugnable, siempre firme, hay, en realidad, unos cimientos hechos de profunda sensibilidad, un corazón que late y sufre, que no se cansa de bombear energía para superar cada reto de la vida, pero que también quiere ser cuidado y honrado. Y llega un día en el que, sin más, se rompe.

Por suerte, el cuerpo es sabio y aguanta lo indecible mientras sabe que necesitas de toda tu energía para afrontar retos que requieren el cien por cien de ti. Y cuando parece que todo se estabiliza, que llega el ansiado momento de respirar, de disfrutar el tiempo que te has robado para dedicárselo a los demás, entonces es cuando algo estalla en tu interior y tienes que parar prácticamente en seco.

Las heridas, si no las cuidas y las curas a su tiempo, parece que sanan porque dejan de sangrar, pero en realidad no cicatrizan. Se suman, se acumulan, siguen supurando por dentro y el dolor se va instalando, silencioso, y se convierte en tu dueño.

De pronto te reconoces, tú, que te creías fuerte como una roca, en esa mujer extenuada, agotada de sostener a los demás. Y comprendes que darte sin reservas tiene un precio: tu bienestar.

Crees que te puede la debilidad y te enfadas contigo misma. ¿Cómo es posible que me sienta así, sin fuerzas, desubicada, cuando he sido un motor que no paraba de bombear energía para todo el que me rodeaba? ¿Cómo puede ser que no me reconozca? ¿En qué momento me he dejado vencer por mis emociones? ¿Cuándo se ha desplomado la muralla de protección que con tanto esfuerzo he construido durante toda mi vida?

Entonces sientes que se hace realidad eso que dicen de que el vaso se va llenando poco a poco, gota a gota, casi sin

Las heridas, si no las cuidas y las curas a su tiempo, parece que sanan porque dejan de sangrar, pero en realidad no cicatrizan. Se suman, se acumulan, siguen supurando por dentro y el dolor se va instalando, silencioso, y se convierte en tu dueño.

que te des cuenta. Cae una gota cuando no puedes defenderte ante un bofetón injusto de tu madre. Cae una gota, inmensa y pesada, repetida en el tiempo, cuando un adulto de tu propia sangre te roba la infancia abusando sexualmente de ti. Cae otra gota más cuando te esfuerzas más allá de tus propios límites para sacar adelante a tu familia, aunque no te corresponda esa tarea. Sigue llenándose el vaso cuando escuchas comentarios hirientes por parte de tu pareja y no puedes pararle los pies porque es tan hábil que llega a convencerte de que mereces ese trato. Caen más gotas cuando te esfuerzas por encajar en un entorno social que no es el tuyo, en el que sientes que, si te muestras tal cual eres, te criticarán y te darán de lado. Y sigue llenándose el vaso cuando reprimes tus emociones y no te permites ser frágil ante la dificultad inmensa de enfrentarte a una maternidad marcada por la discapacidad.

Así, con un vaso en el que el agua turbia llega hasta arriba del todo, como una cruel piscina infinita con vistas a la tristeza, sopla una pequeña brizna de brisa y se desata tu tsunami interior.

El mío llegó con la separación de Bertín. Había pasado con él casi la mitad de mi vida. Veinte años maravillosos en los que aprendí dos grandes lecciones: la primera, que permitirme soltar la desconfianza y relajarme ante los demás no iba a hacerme más débil, sino más feliz; la segunda —aunque en importancia siempre irá por delante—, que el amor se hace infinito cuando alumbras una vida. Y que tu fuerza llega hasta límites que jamás habrías podido concebir, sobre todo cuando formas parte de un equipo en el que la maquinaria está engrasada. Cuando no tienes que cargar tú sola con todo.

Pero, como decía antes, todo tiene su precio, y la convivencia desgasta. Especialmente cuando es un día a día lleno de retos y de dificultades añadidas al desafío constante de mantener viva una pareja y, después, de criar a tus hijos, a lo que se sumaba, en nuestro caso, sacar adelante a Kike y trabajar en la fundación.

Durante veinte años mi vida fueron Bertín, los niños y la fundación. Ser madre y esposa era un trabajo a tiempo completo: no había demasiados ratos libres para ser Fabiola, mujer y profesional. Y de pronto, al tomar mi propio camino, me encontré con que tomar las riendas de mi vida por completo exigía decisiones que requerían, antes de nada, que fuera consciente de algo fundamental: tenía que encontrarme a mí misma, ser yo por encima de todo.

¿Y quién era yo?

¿Era la madre de Kike y Carlos? ¿Era la Juana de Arco de las personas con discapacidad? ¿Era la esposa capaz de dejarlo todo por amor? ¿Era la mujer que no se podía fiar de nadie por miedo a volver a sufrir hasta el extremo? ¿Era la modelo que quería ser médico? ¿Era la niña de Maracaibo que bailaba canciones de Enrique y Ana y se sentaba a escribir a solas, soñadora e inocente, o la que calló durante años una pesadilla que le robó la inocencia y de la que su propia familia fue incapaz de defenderla?

Todo aquello explotó ante mis ojos. La desesperación anidó en mí, la tristeza me sacudió y ese vaso lleno del agua turbia de mis propios retos se convirtió en una tormenta imposible de contener.

Supe que debía pedir ayuda y por suerte lo hice a tiempo. Empecé terapia decidida a trabajar, con mi fortaleza de siempre para entender y superar esa debilidad que me había invadido como nunca.

Comprender era la primera palabra que me movía. Quería ser capaz de conocer qué mecanismo se había desarrollado en mí para haber sido capaz de salvarme una y otra vez y convertirme en mi propio lugar seguro desde niña, casi sin darme cuenta, como por inercia.

Entenderme era para mí fundamental, pero lo que descubrí desde la primera sesión fue que, para poder comprender mi funcionamiento interior, antes debía entender las situaciones que había vivido y me habían llevado a comportarme de una manera concreta.

Enseguida entendí el sentido de la famosa frase de mi psiquiatra: «Comprender es aliviar». Darme la oportunidad de sacar fuera de mí tantas emociones contenidas a lo largo de años y años fue como un bálsamo inmediato en la vida. Un bálsamo que, como la sal, cura las heridas, pero al mismo tiempo duele mientras las trata. Una medicina incómoda de tragar, pero sumamente necesaria.

Desde la primera sesión de terapia, fui consciente de que encontrar el patrón que explica todas las cosas que he vivido y que me han herido era la clave para ayudarme a sanar. Solo así podía explicarme a mí misma cómo había desarrollado una desconfianza máxima hacia los demás, cómo había vivido siempre en alerta mientras dentro de mí latía una rabia contenida incesante que me iba devorando sin que me diese cuenta.

Bloquear los recuerdos ha sido una de las herramientas que mi mente desarrolló para ayudarme a sobrevivir. Y no está siendo fácil acceder a ese pequeño gran cajón de emociones contenidas para trabajarlas en terapia. De hecho, confieso que he tenido cierto miedo a abrir esa caja de Pandora. Sentía como si delante de mí hubiera un vaso de agua limpia, transparente, pero conectada con un pozo sin fin donde aguarda una acumulación de lodo en el que no estaba muy segura de querer entrar.

Darme la oportunidad de sacar fuera de mí tantas emociones contenidas a lo largo de años y años fue como un bálsamo inmediato en la vida que, como la sal, cura las heridas, pero al mismo tiempo duele mientras las trata.

Es curioso cómo llegas a terapia pensando que la causa de tu dolor es un hecho concreto o una emoción determinada y, al empezar a tirar del hilo, compruebas que, en realidad, lo que te ha estado minando es algo muy distinto. En mi caso, de la caja salió enseguida ese trueno al que nunca había querido mirar de frente: la relación con mi madre.

Que las vivencias de la infancia marcan nuestro comportamiento en la vida adulta es un hecho innegable. Lo que ves desde pequeña en casa condiciona tu manera de comprender el mundo y, por lo tanto, el modo en el que te manejas en la vida.

En mi caso, lo que viví en mi casa fue una mezcla de inseguridad por los cambios constantes de trabajo de mi padre; soledad y exceso de responsabilidad cuando me quedaba a cargo de mi hermano pequeño siendo yo solo una cría; falta de cariño y exceso de mano larga para que aprendiéramos cualquier cosa del día a día; indefensión y desprotección ante los abusos de mi tío.

No quiero juzgar a nadie. No lo he hecho nunca ni soy quién para hacerlo. Entiendo que cada uno hace las cosas como puede, con la formación y las herramientas que tiene a mano. Y es verdad que mi madre —y prácticamente toda su generación— habían aprendido, simplemente, a sobrevivir.

Mi madre fue dura conmigo —física y psicológicamente— porque, a su vez, lo aprendió de su propia madre. Yo misma, igual que mis primas, viví la dureza de mi abuela. Sus malos modos, sus golpes. Y si era capaz de hacernos pasar tan malos ratos a las nietas, ¿qué no habría hecho con sus hijas?

Quizá la necesidad de hacerse una coraza llevó a mi madre a llevar al extremo en mi educación el que aprendiera a valerme por mí misma. Un ejemplo: hace poco me contó que vivíamos auténticos dramas cuando me tenía que vestir porque yo quería que fuera ella quien me escogiera la ropa, pero ella insistía en que tenía que elegirla yo para aprender a tomar mis propias decisiones. Y allí me dejaba llorando, horas si hacía falta, hasta que escogía qué ponerme. Y si, llegado el caso, había que sacar un guantazo a pasear, se sacaba.

Cuando lo cuento en terapia, me dicen: «Tienes que protegerte de tu madre». Y esto me pone contra las cuerdas, pues es algo que nunca he sido capaz de hacer. Porque ahora es cuando reparo que en mi vida me he defendido de todo y de todos, pero a mi madre no he sido capaz de enfrentarme realmente. Tan solo aguantaba, sin venirme abajo, para no darle la satisfacción de cómo me derrumbaba.

He llegado a coger un cuchillo para defenderme de una pareja que me estaba haciendo la vida imposible, aun sabiendo que tenía mucha más fuerza que yo y que yo tenía todas las de perder. En cambio, he sido incapaz de hacerle frente a mi madre. Cuando ella me pegaba por cualquier cosa yo contenía las lágrimas: solo me permitía llorar encerrada en el cuarto. Como mucho, ya te lo he contado, le pedía que no me diera en las piernas para que no me vieran las marcas.

Qué curioso: ahora, pasados los años, si en algún momento pierdo los nervios con mi hijo Carlos, ella me grita histérica, defendiéndole. Entonces pienso que ojalá hubiera sido ese tipo de madre conmigo.

Pero aceptar lo que tenemos, lo que nos pasa, forma parte del juego de vivir. Revolcarse en el dolor no sirve de nada; en cambio, a todo lo que nos suceda podemos sacarle una lectura positiva que nos ayude a superarnos. En mi caso, una infancia sin referentes me ha servido para cuidar de mí misma y aprender a sobrevivir incluso en circunstancias extremas. Aquellos episodios hicieron que mi personalidad se desarrollase de una manera concreta, con una fortaleza y una responsabilidad hacia mí misma y hacia mi entorno que me ha permitido esquivar otros abusos o maltratos y evitar caer en las garras de la prostitución o de las drogas, que a tantas otras compañeras modelos les han arruinado la vida.

Entender y perdonar es clave para seguir viviendo. Y el papel que jugamos como padres es determinante. Reconoz-

La lectura positiva de una infancia sin referentes me ha servido para cuidar de mí misma y aprender a sobrevivir incluso en circunstancias extremas.

co que he pasado de la supervivencia a la sobreprotección: viví con tanto dolor la autonomía obligada en mi infancia que, en muchas ocasiones, he llevado más allá de lo aconsejable el deber de proteger a mis hijos. Hoy sé que los padres no debemos caer en el extremo de no ejercer como autoridad o tutela, pero tampoco hemos de meter a nuestros hijos en una cárcel de cristal porque coartamos su autonomía e independencia y les hacemos un flaco favor de cara a su vida adulta.

Esta sobreprotección no solo se limita al ámbito de la maternidad: en mi caso, comenzó con mi hermano pequeño —fui para él, como ya he dicho, una especie de madre— y fue mucho más allá de cuidarle en la infancia. No solo me hice cargo de su educación y de que no le faltase de nada cuando era niño y adolescente: una vez que fue adulto, me hice responsable de que encontrara trabajo, de que tuviera casa y de que ningún problema se le pusiera por delante. Yo lo quería resolver todo sin que nadie me lo hubiera pedido; simplemente porque creía que era mi papel. Y la relación se volvió tóxica: yo lo daba todo por él sin que se tuviera en cuenta… y no era capaz de ver que con esa sobreprotección estaba minando su independencia.

Ahora he aprendido gracias a la terapia que todas las historias tienen dos puntos de vista. Y donde yo veía una niña obligada a convertirse en madre, asumiendo responsabilidades que no le correspondían, mi hermano veía una niña a la que necesitaba como hermana, no como tutora. Y le supuraba la herida de no tener a su propia madre cuidando de él. Igual que me había sucedido a mí.

En el fondo, sufríamos por lo mismo. Vacío. Soledad.

Ha tenido que pasar tiempo —y poner cierta distancia emocional— para poder comprender todo esto y recordarlo sin rencor. Hace solo unos meses tuvimos la oportunidad de charlar, tranquilos, relajados, sin discusiones. Sobre la mesa había un montón de fotos antiguas que estaba recopilando para ordenar mis recuerdos para este libro y, con ellas, empezaron a venir a nosotros vivencias antiguas. Entonces nos dimos cuenta del abismo entre nuestra infancia y la de nuestros hijos: a nosotros, siendo niños —bueno, más bien a mí, que era la mayor de todos—, nos hacían responsables de los que eran más pequeños; por suerte, hemos evitado repetir este patrón para preservar su infancia.

En el fondo, nunca me he sentido «hija». No he sentido protección o cariño. Insisto: sé que mis padres lo hicieron lo mejor que pudieron y que mi madre no disponía de las herramientas que yo tengo ahora a mi disposición. Pero lo cierto es que a mí se me obligó a ser fuerte, sin miramientos.

* * *

Hace solo unos meses, en una llamada con mi madre, volvió a pronunciarse en la familia un nombre que hacía mucho tiempo que no escuchaba y, que sinceramente, no quería volver a oír.

—Fabiola, ¿sabes quién se ha muerto?

—¿Quién, mamá?

Y por toda respuesta, a bocajarro, disparó el nombre del tío que había abusado de mí cuando era pequeña.

Sin paños calientes.

Como si no hubiera pasado nada.

Aquello me revolvió. Me subió por la garganta un torrente de rabia porque fui consciente de que nunca se había tenido conmigo la consideración de tratarme como una hija a la que proteger: yo era Fabiola la dura, Fabiola la que aguanta, Fabiola la que puede.

Comprender esta desprotección me ha ayudado también a entender mis patrones de comportamiento con las parejas que he tenido a lo largo de mi vida. Han sido muy pocas las ocasiones en las que he disfrutado de un amor sano, equilibrado. Y, para ser honesta, también confesaré que, aunque unas veces me han querido más y otras menos, no siempre he sido justa con la persona que he tenido a mi lado.

En mis relaciones ha pesado mucho el sentimiento de culpa por los abusos que sufrí de niña. Durante muchos años me he sentido cómplice, partícipe de aquella barbaridad. Gracias a la terapia, he comprendido que es una reacción lógica: cuando en tu infancia vives algo que es totalmente antinatural y te hacen creer que es normal, el adulto te envuelve y se crea todo un universo a tu alrededor en el que tú eres un personaje más. Forma parte de ti y tú de él. Más aún: para que no lo cuentes, te envuelven con un halo de complicidad. Y aprovechan tus carencias —en mi caso afectivas— para hacerte sentir querida más allá del abuso y meterte en la cabeza que, si los demás se enteran, todo acabará y estarás sola. Y yo, que adolecía de la falta de presencia de mis padres, de algún modo me sentía protegida: en la paranoia a que te someten los abusos, llegas a pensar que esa relación antinatural es buena para ti.

De adulta, todo aquello se dio la vuelta. Me volví un muro infranqueable, desconfiada hasta el extremo. Pero la realidad es que caía una y otra vez en los mismos patrones de relaciones desiguales en lo emocional.

Hoy comprendo que todo esto tiene un porqué, una razón que se encuentra en esa caja de Pandora que me resistía a abrir hasta que empecé la terapia. He buscado todo tipo de información sobre las consecuencias del abuso infantil y los expertos llegan a conclusiones parecidas: el niño o la niña que sufre abusos se convierte en una persona adulta que habitualmente tiene dificultades para adaptarse al entorno social, presenta reacciones de ansiedad o depresión, se bloquea en la sexualidad o puede llegar a tener ideaciones suicidas —cosa que, por suerte, yo no he llegado a vivir, pero sí otras personas de mi entorno que, con el tiempo, también han reconocido haber sufrido abusos—. No ser capaz de disfrutar del placer —no solo sexual—, o resistirse a expresar y recibir ternura en la intimidad también forman parte de las reacciones habituales de personas maltratadas en la infancia. Y todo desemboca en lo mismo: falta de autoestima y menosprecio de una misma, junto al sentimiento de sentirte sucia.

*   *   *

Todo lo anterior podría resumirlo en dos palabras: no encajar. Sentirme fuera de lugar ha sido una constante en muchos episodios de mi vida y, para evitarlo, si era necesario, me ponía en modo camaleón para adaptarme a las personas que tenía alrededor. Esto no quiere decir que mostrase una personalidad que no era la mía: se trataba, más bien, de reprimirme, de contenerme, de coartarme. No es que fuera otra, es que no era yo.

Sentirme fuera de lugar ha sido una constante en muchos episodios de mi vida y, para evitarlo, si era necesario, me ponía en modo camaleón para adaptarme a las personas que tenía alrededor.

Hasta que me separé. Entonces supe que tenía que volver a tomar las riendas de mi vida. Que tenía que elegir ser yo por encima de cualquier etiqueta. Tenía que decidir pensando en mi futuro y en el de mis hijos, pero sin que me condicionara el estado civil o la familia, excepto la que yo misma había creado: Kike y Carlos.

Reconozco que lo cómodo había sido dejarse llevar y no buscar el equilibrio. En una pareja, las dos personas suelen pensar diferente, tienen distintos criterios, y lo sano es llegar a un punto intermedio. Sin embargo, lo sano no es lo cómodo: lo fácil es evitar enfrentamientos renunciando a tus puntos de vista y acatando los del otro. Así era más fácil sobrevivir. Y en mi vida me había acostumbrado a sobrevivir más que a disfrutar de la existencia.

Renuncié a mi liderazgo emocional y recuperarlo está siendo un proceso tan doloroso como sanador.

Siempre tuve carácter, fui la líder de mi casa desde bien pequeña. En ese liderazgo chocaba una y otra vez con mi madre porque no estaba preparada para saber que no se trata de decir «esto se hace así porque sí», sino que hay que analizar la situación para poder tomar la mejor decisión en ese momento concreto con los recursos que tienes a tu alcance.

Las responsabilidades que asumí desde mi niñez, y que me llevaron a caer en una desconfianza extrema, me hicieron desconfiar incluso de mí misma, algo que se hizo mucho más evidente en mi nueva etapa sin pareja. Cada vez que tomaba una decisión en soledad, pensaba: «¿Y si me equivoco? ¿Y si no es el paso correcto?». Miles de «y si» iban pasando por mi mente, de uno en uno, amargándome la vida. Frente a ellos, solo cabía entrenar mi seguridad. Y cuando he empezado a hacerlo, me he dado cuenta de que la capacidad para tomar decisiones y liderar mi vida siempre ha estado conmigo. Que podía volver a coger las riendas de mi vida.

Me gustaría que tú, que estás leyendo este libro, saques una conclusión que para mí ha sido clave: no podemos controlar las decisiones de los demás, pero sí las nuestras. Hay dramas que aterrizan en nuestra vida sin previo aviso, pero está en nuestras manos decidir qué hacer con ellos.

NO ESTÁIS SOLOS

«No es la especie más fuerte la que sobrevive, ni la más inteligente, sino la que mejor se adapta al cambio».

CHARLES DARWIN

«El dolor es inevitable, el sufrimiento es opcional».

BUDA

Llevaba años esperando este momento. Este libro lo he pensado muchas veces en mi cabeza preguntándome por qué y para qué debería escribirlo. Hasta ahora, no me había sentido preparada para sacar, entender, perdonar y sanar. El camino no ha sido fácil, pero está iniciado. Alzar la voz y contar mi secreto me ha ayudado a colocar las cosas en su sitio, ha mejorado la relación conmigo misma y la que tengo con mi familia, y esto me ha demostrado que estoy haciendo lo correcto.

Cuando el silencio no es una opción me ha conectado con mi niña interior. A pesar de ello, reconozco que, en algunos momentos, me resulta una completa desconocida. Cada vez la abrazo con más amor y conciencia y le explico que no fue su culpa, que no debe sentir vergüenza, que acepte su vulnerabilidad y respete su fragilidad porque ella era solo una niña.

Todavía me falta darle sentido a tanta rabia y dolor para que crezca algo bueno en esa herida. Mi madre me enseñó a ser dura y lo consiguió. Esa niña tímida que lloraba cuando alguien la miraba fijamente se convirtió en la mujer que soy ahora, capaz de atravesar el dolor, mirarlo a la cara y decirle: «ya no me vas a hacer más daño».

Romper el patrón de relaciones dañinas, dar valor a la familia y amar a mis hijos por encima de todo es mi mayor proeza. Me siento agradecida por cada piedra en el camino, cada bache o cada tormenta porque me han traído hasta aquí. Eso es la vida, un espacio de tiempo en el que suceden muchas cosas y lo único que marca la diferencia es cómo las afrontas.

No he pretendido ni pretendo ser ejemplo de nada, pero si mi historia ha vibrado contigo, con tus experiencias, pensamientos o sentimientos, quiero que sepas que tú también puedes. No estás sola, no estás solo.

Fabiola

AGRADECIMIENTOS

Estoy tan agradecida a tantas personas y a tantas cosas que no sé por dónde empezar... Así que me lanzo a escribir sin darle demasiadas vueltas.

Gracias a Dios por acompañarme siempre, gracias a la vida por darme las oportunidades para ponerme a prueba y descubrir el potencial que tenemos los seres humanos y que muchas veces no aprovechamos.

A todas y cada una de las personas buenas que he encontrado en mi camino (que tengo que decir que han sido muchas).

A mis padres por hacerlo lo mejor que podían con lo que tenían y sabían. Ellos también lo tuvieron complicado en su infancia.

A mis amigos y amigas por no soltarme nunca de la mano, por darme amor, comprensión y aceptarme como soy, sin más.

A mis hijos por ser mis maestros, por enseñarme cómo es el amor incondicional e infinito.

A Virginia y a Noelia, por su sensibilidad y respeto.

Y, por último, gracias a la Fabiola de hoy, que ha tomado conciencia de la niña que fue. Gracias por buscarla, a pesar del miedo y la vergüenza, para decirle que no está sola, que es valiosa y que su dolor tendrá un propósito. Gracias, Marian, por ayudarme a llegar hasta ella para cuidarla y protegerla.